E-Book inside

Mit dem Kauf dieses Buchs erhalten Sie das zugehörige E-Book gratis. Sie können dabei aus zwei Dateiformaten wählen: EPUB (gängiges Format für E-Reader und Tablets) und PDF (für PC und Laptop). So kommen Sie an Ihr kostenloses E-Book:

Rufen Sie im Internet diese Website auf:
↗ http://www.junfermann.de/ebook-inside

Geben Sie den unten stehenden Code in das dafür vorgesehene Feld ein und klicken Sie → Code einlösen. Nach Eingabe Ihrer E-Mail-Adresse und Auswahl des E-Book-Formats erhalten Sie sofort einen Download-Link für das gewünschte E-Book an Ihre E-Mail-Adresse.

Bitte beachten Sie, dass der Code für Sie personalisiert wird und nur einmal gültig ist. Die Datei müssen Sie zunächst auf Ihrem Computer speichern, bevor Sie sie auf ein mobiles Endgerät überspielen können.

JRBQE6QV

Ilse Sand

Im Erdboden versinken?

Den Teufelskreis aus Scham und Angst durchbrechen

www.junfermann.de

blogweise.junfermann.de

www.facebook.com/junfermann

x.com/junfermann

www.youtube.com/user/Junfermann

www.instagram.com/junfermannverlag

ILSE SAND

IM ERDBODEN VERSINKEN?

DEN TEUFELSKREIS AUS SCHAM UND ANGST DURCHBRECHEN

Aus dem Dänischen übersetzt von
Maike Barth

Junfermann Verlag
Paderborn
2023

Die Originalausgabe ist 2021 unter dem Titel *Sig hej til din skam: En bog om at slippe frygten for at være forkert* bei Gyldendal A/S erschienen.

Übersetzung Maike Barth

Covergestaltung / Reihenentwurf JUNFERMANN Druck & Service GmbH & Co. KG, Paderborn

Satz & Layout JUNFERMANN Druck & Service GmbH & Co. KG, Paderborn

Bibliografische Information der Deutschen Nationalbibliothek

Die Deutsche Nationalbibliothek verzeichnet diese Publikation in der Deutschen Nationalbibliografie; detaillierte bibliografische Daten sind im Internet über http://dnb.d-nb.de abrufbar.

ISBN 978-3-7495-0424-4
Dieses Buch erscheint parallel als E-Book.
ISBN 978-3-7495-0491-6 (EPUB), 978-3-7495-0492-3 (PDF).

Inhalt

Einleitung

Scham ist vermutlich nicht das Erste, was dir als mögliche Ursache für deine Schwierigkeiten in den Sinn kommt. Sie existiert oft im Verborgenen und wir sprechen nur ungern über sie. Häufig wird sie auch noch von anderen Problemen überlagert, wie zum Beispiel übertriebener Selbstunterdrückung, geringem Selbstwert, einem Gefühl der Erschöpfung in Gesellschaft anderer sowie von Problemen in engen Beziehungen. Unter Umständen kann sie auch die unerkannte Ursache von Suchtverhalten oder Wut sein.

Während ich dieses Buch schrieb, habe ich jede sich bietende Gelegenheit genutzt, meinen Mitmenschen folgende Frage zu stellen: „Gibt es etwas, wofür du dich schämst? Du brauchst mir auch nicht zu verraten, um was es sich handelt." Viele nickten dann, wandten den Blick ab und antworteten: „Ich sage dir aber nicht, was es ist." Andere waren durch meine Frage zunächst ein wenig verunsichert. Dann kam ich ihnen zu Hilfe, indem ich Vorschläge machte wie: „Gibt es etwas an deinem Körper, das du möglichst nicht zeigen möchtest? Vielleicht hast du etwas erlebt, von dem du nicht gern erzählst, oder du hast eine Eigenschaft, die du lieber verheimlichst? Eine Schwäche, von der du hoffst, dass niemand sie bemerkt?" Daraufhin outeten sich dann weitere Personen. Einige reagierten auch verärgert: „Ich schäme mich für gar nichts!" oder „Es gibt nichts, wofür ich mich schämen müsste!". Ich glaube, was sie eigentlich meinten, war: „Du wirst mich nicht dazu bringen, meine Scham zu offenbaren." Das tun sie allerdings manchmal schon von selbst, ohne sich dessen bewusst zu sein. Die Dinge, von denen unser Verstand uns sagt, dass wir uns für sie schämen sollten, sind nämlich nur das eine. Etwas ganz anderes ist unsere spontane körperliche Schamreaktion – bei der beispielsweise unser Blick zu flackern beginnt oder wir zu Boden schauen.

Als mir in meiner Eigenschaft als Pastorin und Psychotherapeutin andere Menschen ihre mit Scham verbundenen Erlebnisse anvertrauten, erkannte ich, dass intensiver Schmerz und Einsamkeit damit einhergehen können. Aber sobald man das Gefühl der Scham mit jemandem teilt, vollzieht sich eine überraschende und wunderbare Wandlung: Die betreffende Person atmet freier, ihr Gesicht und ihr Körper verlieren den gequälten Ausdruck und entspannen sich.

Wenn es so befreiend sein kann, die eigenen Gefühle mit einem anderen Menschen zu teilen, fragt man sich, warum die meisten von uns so lange brauchen, bis sie den Mut finden, über ihr Gefühl, „verkehrt" zu sein, zu sprechen – falls sie es überhaupt jemals wagen.

Als ich mit Anfang 30 meine erste Pastorinnenstelle antrat, kam ich in Kontakt mit einer Gruppe von Kolleginnen und Kollegen, die sich für Psychotherapie interessierten. Gemeinsam bemühten wir uns darum, auf einer tieferen Ebene Verständnis für uns selbst und füreinander zu entwickeln. Dabei sagte mir eine etwas ältere Pastorin einmal, dass ich auf sie einen ziemlich zerbrechlichen Eindruck mache. Es war nicht das erste Mal, dass mich jemand so einschätzte, und ich konnte es einfach nicht ertragen. Ich fühlte mich angegriffen und ging zum Gegenangriff über: „Ich glaube, die Zerbrechlichkeit, die du in mir siehst, sagt eher etwas über dich selbst aus." Danach versuchte ich, ihr aus dem Weg zu gehen, während ich mir gleichzeitig alle Mühe gab, stark zu wirken.

Dort, wo ich herkomme, war Zerbrechlichkeit nämlich nicht gern gesehen. Um wertgeschätzt zu werden, musste man tüchtig sein oder etwas zu geben haben. Ich wagte es darum ganz einfach nicht, in mich hineinzuhorchen, ob an der Äußerung meiner Kollegin etwas Wahres dran sein könnte.

Damals wusste ich nicht, dass das Unbehagen, das ich spürte, wenn andere mich als zerbrechlich spiegelten, Angst war. Mir fiel aber auf, dass es mich zutiefst verlegen und wütend machte. Es war, als verlöre ich die Kontrolle über meine Gesichtszüge. Ich wollte gern selbstsicher lächeln, doch mein Blick begann zu flackern, meine Gesichtsmuskeln zuckten nervös und meine Stimme wurde dünn. Ich spürte, dass mein Gesicht beharrlich eine tiefere und wahrere Ebene meiner Psyche widerspiegelte. Es fühlte sich an, als ob mir nicht nur der Boden, sondern die Grundfesten unter den Füßen weggerissen würden, sodass ich jeden Halt verlor.

Erst nach vielen Jahren fand ich den Mut, meine Zerbrechlichkeit zu ergründen und zu ihr zu stehen. Und als ich das endlich tat, erkannte ich, dass viele Menschen diese Verletzlichkeit, für die ich mich so sehr geschämt hatte, an mir schätzen und dass Männer sie oftmals anziehend finden.

Nicht jeder erlebt die Angst, die ein Bestandteil der Scham ist, so stark, wie ich es tat. Die Intensität dieses Gefühls kann überaus unterschiedlich ausgeprägt sein. Darüber berichte ich später noch ausführlich.

Im Erdboden versinken? erklärt leicht verständlich, wie Scham entsteht, wie es kommt, dass einige Menschen sich viel mehr schämen, als es realistisch betrachtet gerechtfertigt wäre, wie du herausfinden kannst, ob hinter einigen deiner Probleme womöglich Scham steckt, und wie du an dieser Scham arbeiten kannst, um zu einer größeren inneren Freiheit zu gelangen. Das Buch geht jeden an, der sich für Psychologie und Persönlichkeitsentfaltung interessiert. Besonders hilfreich wird es für dich sein, wenn du häufig das Gefühl hast, dass etwas mit dir nicht stimmt.

Scham ist letzten Endes eine Reaktion auf eine Verunsicherung in der Selbstwahrnehmung. Einige Menschen schämen sich nur für eine einzige Facette ihrer Persönlichkeit, während andere von Schamgefühlen vollkommen blockiert werden. Unabhängig davon, ob du zur ersten oder zur zweiten Gruppe gehörst, werden dich die Hilfen, die dir dieses Buch an die Hand gibt, dabei unterstützen, die Last deiner Scham abzuwerfen.

Scham kann auch eine positive Funktion erfüllen. So versuchen wir zum Beispiel, in Gegenwart anderer unsere Gier zu unterdrücken, weil wir uns sonst schämen würden. Dieses Buch beschäftigt sich jedoch vorrangig mit den negativen Folgen von Scham und damit, wie du dich von ihnen befreien kannst.

Eine besonders üble Eigenheit der Scham ist es, dass wir uns dafür schämen, dass wir uns schämen, und uns darum keine Hilfe suchen. Nur allzu oft habe ich erlebt, dass Menschen sich in die Einsamkeit zurückziehen, statt zu ihrer Scham zu stehen und ihr Leben in ungeschützter Offenheit und Liebe zu leben.

Scham zerstört Leben. Sie bringt dich dazu, dich hinter einem Schutzschild zu verschanzen und dich vor dir selbst und vor anderen Menschen zu verstecken. Dieser Schutz versperrt dir jedoch den Blick, sodass du nicht klar siehst, und er steht wie eine trübe Fensterscheibe zwischen dir und anderen und verzerrt eure Kommunikation.

Glücklicherweise gibt es einen Ausweg. Allein die Tatsache, dass du von anderen liest, die den Mut aufgebracht haben, zu etwas zu stehen, für das sie sich schämen, kann ansteckend wirken, kann dich inspirieren und ermutigen. Darum führe ich in diesem Buch zahlreiche Beispiele von Menschen an, die berichten, wie sie aus ihrer Scham und Selbstunterdrückung herausgefunden haben.

Darüber hinaus findest du hier verschiedene Werkzeuge, die du nutzen kannst, um deinem Schutzschild zunächst einmal Risse beizubringen, sodass das Licht hereinfallen und die Dunkelheit vertreiben kann, die die Scham über deine Erkenntnisfähigkeit gelegt hat. Je klarer du siehst, desto mehr wirst du erkennen, dass du deiner Scham nicht ausgeliefert bist.

Es ist nämlich nicht wahr, dass du verkehrt bist – auch wenn es sich so anfühlt. Vielmehr fühlst du dich so, weil etwas geschehen ist, das verkehrt war. Das Verkehrte bist aber nicht du.

Am Ende der einzelnen Kapitel findest du jeweils Übungen, die dir helfen können, deine Scham besser zu verstehen und dich vielleicht sogar davon zu befreien. Einige dieser Übungen können unter Umständen starke Gefühle auslösen. Ich möchte dir darum empfehlen, vorher mit einem Freund oder einer Freundin zu vereinbaren, dass du ihn oder sie anrufen darfst, falls du während oder nach der Übung das Bedürfnis hast, mit jemandem zu sprechen.

Ganz hinten im Buch findest du einen Test, mit dessen Hilfe du herausfinden kannst, wie stark du von Schamgefühlen belastet bist. Du kannst den Test ebenso gut gleich als Erstes machen oder eben zum Schluss. Wenn du möchtest, kannst du auch ganz darauf verzichten. Wahrscheinlich erkennst du schon beim Lesen des Buchs, wie anfällig du für Schamgefühle bist. Im Anschluss an den Test folgen noch ein paar Ratschläge, wie du einer hohen Punktzahl etwas Positives abgewinnen kannst.

Die Scham ruft dir zu: „Du bist verkehrt! Versteck dich irgendwo. Verkriech dich. Versink im Erdboden.“ Ich hoffe, dass dieses Buch dir Mut macht, deiner Scham die Stirn zu bieten, sodass du dich entfalten, aufblühen und zu dir selbst stehen kannst.

Ilse Sand

Hald Hovedgård im August 2020

Teil I

1. Ausdrucksformen und Eigenschaften des Schamgefühls

Scham ist das Gefühl, nicht liebenswert oder irgendwie verkehrt zu sein. Das Wort „Scham" geht auf die indogermanische Wurzel „kam / kem" zurück, die mit „zudecken, verschleiern oder verbergen" übersetzt werden kann, schreibt Carsten Stage in seinem Buch über Scham[1]. An dieser Definition kannst du dich orientieren, wenn du dich fragst, ob das, was du fühlst, Scham ist. Wenn du dich am liebsten vor den Blicken anderer verstecken möchtest, lautet die Antwort vermutlich: Ja, du schämst dich.

Schamgefühle können in unterschiedlicher Intensität auftreten. Wenn es ganz schlimm kommt, empfinden wir keinerlei Empathie für uns selbst und sind nicht in der Lage, uns auch nur einen Funken Wohlwollen entgegenzubringen. Unten findest du eine Skala, die Schamgefühle nach ihrer Intensität ordnet.

In ihrer schwächsten Ausprägung ist Scham unter Umständen nur der flüchtige Eindruck, dass uns etwas peinlich oder unangenehm ist – dabei ist das Gefühl womöglich so schnell wieder verflogen, dass du es nicht einmal wahrnimmst. Oder du bemerkst lediglich, dass du dem Blick anderer Menschen kurz ausweichst.

Bei stärkeren Schamgefühlen kann es sein, dass dir eiskalt wird oder deine Wangen zu brennen anfangen. Je intensiver die Scham, desto stärker wird dein Bedürfnis, dich klein zu machen. Dabei ist dir womöglich nicht einmal bewusst, dass du den Kopf senkst, dass deine Schultern nach vorn fallen und du auf deinem Stuhl zusammensackst.

Wodurch Schamgefühle ausgelöst werden, hängt von verschiedenen Faktoren ab, die von Mensch zu Mensch unterschiedlich sind, je nachdem, was in der jeweiligen Kultur, im privaten Umfeld, am Arbeitsplatz, in der Familie oder von der betreffenden Person selbst als nicht akzeptabel, peinlich oder verkehrt empfunden wird. Der eine Mensch kann sich darum zutiefst über etwas schämen, was in den Augen eines anderen lediglich eine Lappalie darstellt.

Womöglich schämst du dich, weil dein Hemd einen Fleck hat, weil du ein Wort falsch ausgesprochen oder versehentlich ein falsches Emoji verschickt hast. Also

---

1 Demgegenüber gibt z. B. das Digitale Wörterbuch der deutschen Sprache an, dass die Herkunft des Wortes unklar sei und eine Herleitung von der Wurzel „kem-" für „bedecken, verhüllen" wenig wahrscheinlich.

wegen etwas, was ein anderer mit einem Achselzucken abtun oder vielleicht nicht einmal bemerken würde.

1 Selbsthass
2 Selbstverachtung
3 Sich unwürdig fühlen, Teil der menschlichen Gemeinschaft zu sein
4 Das umfassende Erleben, in jeder Hinsicht verkehrt zu sein
5 Das Gefühl, dass mehrere Dinge an dir nicht stimmen
6 Das Gefühl, dass es ein paar Dinge an dir gibt, die nicht so sind, wie sie sein sollten
7 Sich für eine bestimmte Sache schämen
8 Große Peinlichkeit empfinden
9 Starkes Unbehagen spüren
10 Sich unwohl fühlen
11 Verlegenheit
12 Leichtes Unbehagen

1.1 Scham und Angst

Eng mit der Scham gepaart ist die Angst, bloßgestellt und aus der Gemeinschaft ausgeschlossen zu werden. Dass Schamgefühle von einer derartig starken Angst begleitet werden, liegt daran, dass unser Gehirn in mancher Hinsicht heute noch genauso tickt wie vor 15.000 Jahren, als der Mensch in der Savanne lebte. Damals bedeutete der Ausschluss aus der Gruppe den sicheren Tod, denn ohne seine Gruppe war der Mensch eine leichte Beute für Raubtiere. Auch kleine Kinder sind auf die Bindung zu einem anderen Menschen angewiesen, um zu überleben. Wenn du also mitten in einer Schamreaktion – weil zum Beispiel jemand deine Hand zittern gesehen hat – eine Angst spürst, die so stark ist, als wäre dein Leben in Gefahr, dann entspricht das der historischen Realität – sowohl im Hinblick auf unsere gemeinsame Geschichte als auch auf deine persönliche, weil du früher einmal klein und von der Fürsorge eines dir nahestehenden Menschen abhängig warst.

1.2 Scham kann unbewusst sein

Über Scham zu sprechen fällt uns schwer. Nicht selten schämen wir uns auch dafür, dass wir uns schämen, und hüllen uns darüber in Schweigen. Vielleicht ist dir gar nicht bewusst, dass Scham im Spiel ist, wenn du dich einsam fühlst und es dir nicht gut geht.

Selbst wenn du verstandesmäßig erkannt hast, dass beispielsweise eine Kündigung nichts ist, wofür man sich schämen müsste, kannst du dennoch deswegen Scham empfinden. Wenn du jemand anderem von der Kündigung erzählst, kann es sein, dass plötzlich dein Herz zu klopfen und dein Blick zu flackern beginnt. Scham ist tief in uns verwurzelt und lässt sich nicht so einfach durch den gesunden Menschenverstand vom Tisch wischen.

Es gibt zwei Arten, um dich deiner Scham zu nähern: Entweder du achtest darauf, wodurch deine Scham üblicherweise ausgelöst wird, oder du schaust dir an, was deiner Scham auf einer tieferen Ebene Nahrung gibt und dazu führt, dass sie auch dann alle Grenzen sprengt, wenn du nur eine minimale Verfehlung begangen hast.

1.3 Situationen, die Scham hervorrufen

Unten findest du eine Reihe unterschiedlicher Themen bzw. Situationen, die häufig Schamgefühle auslösen. Diese Liste erhebt keinen Anspruch auf Vollständigkeit. Sonst würde sie unendlich lang.

Dein äußeres Erscheinungsbild

Möglicherweise gibt es etwas an deinem Körper oder an deiner Kleidung, wofür du dich schämst. Vielleicht ist auch dein Haus unaufgeräumt oder dein Auto schmutzig.

Einmal merkte ich, dass ich vergessen hatte, den Reißverschluss meiner Hose zuzumachen. Das Schlimmste daran war, dass ich so vor der Klasse gestanden und unterrichtet hatte, ohne es zu merken. Das war mir extrem unangenehm.

Jakob, 56 Jahre

Seit ich drei Kilo zugenommen habe, zeige ich meinen Bauch nicht mehr, zum Beispiel wenn ich am Strand bin. Früher war ich oft im Bikini, aber jetzt achte ich darauf, immer ein Kleid zu tragen, das ich auch bei der größten Hitze nicht ausziehe.

Merete, 45 Jahre

Ein Gefühl

Man kann sich sowohl für positive wie für negative Gefühle schämen. Vielleicht kennst du die Situation, dass du versuchst, niemanden merken zu lassen, dass du dich über etwas freust, was dir unpassend erscheint, beispielsweise wenn du erfährst, dass ein Kollege bzw. eine Kollegin weniger verdient als du. Meistens schämen wir uns allerdings für negative Gefühle. Vielen Menschen ist es auch peinlich, wenn andere sehen, dass sie nervös sind. Sie versuchen dann, das Zittern ihrer Hände oder die Schweißflecken unter ihren Armen zu kaschieren. Selbst Ärger und Gereiztheit können Scham auslösen.

Mein Freund bringt mir oft Blumen mit. Anfangs war ich ehrlich überrascht und habe mich über diese Aufmerksamkeit gefreut. Aber mittlerweile hat er mir schon so oft Blumen geschenkt, dass es mir schwerfällt, noch Begeisterung dafür aufzubringen. Manchmal wird es mir schon fast zu viel, eine Vase zu holen.

Ich tue alles, um den Anschein zu erwecken, dass ich mich freue, aber im tiefsten Inneren bin ich oft irritiert, weil er mich mit seinen Blumen belästigt. Ich hoffe inständig, dass er das niemals merkt.

Pia, 28 Jahre

Auch über einen Mangel an Gefühlen können wir uns schämen. Wenn wir uns zum Beispiel über ein Geschenk nicht freuen oder wenn wir einem anderen Menschen nicht die positiven Gefühle entgegenbringen, die derjenige oder das Umfeld von uns erwartet.

Ein Bedürfnis

Vielleicht hattest du schon einmal ein Bedürfnis, das du am liebsten verheimlichen wolltest?

Wenn ich abends noch zu irgendetwas in der Lage sein soll, muss ich tagsüber unbedingt einen Mittagsschlaf halten. Glücklicherweise arbeite ich nicht in Vollzeit, darum schlafe ich jeden Tag von 14 bis 15 Uhr. Das weiß niemand außer meiner Frau. Wenn in dieser Zeit jemand bei uns klingelt, mache ich mir gleich Sorgen, ob ich auch daran gedacht habe, die Tür abzuschließen. Es wäre mir peinlich, wenn mich jemand dabei ertappen würde, dass ich mitten am Tag schlafe.

Ole, 55 Jahre

Oder hast du eine Begierde, die du unpassend findest?

Obwohl ich meine Frau liebe, finde ich auch andere Frauen anziehend und möchte gern mit ihnen zusammen sein. Das darf niemals jemand erfahren.

Morten, 57 Jahre

Da du dir deine Bedürfnisse und Begierden nicht aussuchen kannst, bist du auch nicht dafür verantwortlich, dass sie so sind, wie sie sind. Trotzdem können sie mit tiefer Scham einhergehen.

Eine Lebenssituation

Wenn du in einer Lage bist, die du als unwürdig empfindest – wenn du beispielsweise unfreiwillig single, kinderlos oder arbeitslos bist –, bildest du dir leicht ein, dass andere auf dich herabsehen.

Seit ich Transferleistungen beziehe, gehe ich nicht mehr so gern unter Leute. Ich hasse es, wenn mich jemand fragt, was ich mache. Manchmal ertappe ich mich dann dabei, dass ich lüge. Darüber bin ich selbst entsetzt. Aber es passiert wie von selbst, dass ich mir eine respektablere Beschäftigung ausdenke, wenn es mir zu unangenehm ist, die Wahrheit zu sagen.

Jens, 59 Jahre

Seit ich single bin, gehe ich samstagabends nicht mehr spazieren. Obwohl die Bewegung an der frischen Luft mir guttut, bleibe ich lieber drinnen. Es kommt mir so vor, als würde ich meine Einsamkeit zur Schau stellen, wenn ich am Samstagabend alleine spazieren gehe.

Irene, 62 Jahre

In Situationen, die du dir nicht selbst ausgesucht hast oder die du mit Schwäche assoziierst, fühlst du dich schnell verkehrt oder minderwertig und reagierst darum mit Scham.

Ein ideales Selbstbild bricht zusammen

Viele leiden darunter, nicht die perfekte Mutter oder der perfekte Vater zu sein.

Bevor ich Kinder bekam, war ich mir sicher, dass ich eine vorbildliche Mutter sein würde. Ich hatte Bücher über Kinderpsychologie gelesen und mich ausgiebig mit dem Elternsein beschäftigt. Aber die Realität war ganz anders. Ich erinnere mich ganz besonders an einen Nachmittag, als es schon seit acht Tagen geregnet hatte. Ich war mit den Kindern allein zu Hause und versuchte, für gute Stimmung zu sorgen. Irgendwann war ich so ausgelaugt, dass ich mich hinsetzte und weinte.

Ich mache mir Vorwürfe, dass ich meine Kinder mit meiner Reaktion verunsichert habe.

Lise, 43 Jahre

Wenn andere dich schlecht behandeln

Auch das Verhalten anderer Menschen dir gegenüber kann unter Umständen dazu führen, dass du dich schämst – dabei sollte sich wohl eigentlich jemand anders schämen. Inzestopfer schämen sich. Auch Opfer von Gewalttaten schämen sich. Viele von uns möchten nicht, dass andere Zeuge werden, wenn man uns schlecht behandelt oder vielleicht auch nur zurückweist, übergeht, übersieht oder vergisst. Manchmal dauert es Jahre, bis wir den Mut finden, mit einem anderen Menschen über bestimmte Kindheitserlebnisse zu sprechen.

Als Kind wurde ich immer mit meiner Schwester verglichen. Mein Vater sagte, ich solle mir ein Beispiel an ihr nehmen, und betonte, wie fleißig und ruhig sie doch sei. Mir fiel es schwer, in der Schule mitzukommen, und ich konnte auch nicht besonders lange still sitzen. Wenn mich jemand fragt, sage ich, dass ich eine gute Kindheit hatte. Das stimmt auch größtenteils. Bisher habe ich noch niemandem von den negativen Vergleichen erzählt, die aus mir ein einsames Kind gemacht haben.

Agnete, 18 Jahre

Doch auch im Erwachsenenleben gibt es Situationen, die Scham auslösen können:

Meine Frau hat nie erfahren, dass ich bei der Arbeit degradiert worden bin. Ich habe ihr nur erzählt, dass ich neue Aufgaben bekommen habe, und nicht, dass eine jüngere Kollegin meinen begehrten Posten übernommen hat, während man mich in eine weniger verantwortungsvolle Abteilung versetzt hat.

Henning, 57 Jahre

Gedemütigt oder auch nur schlecht behandelt zu werden kann unser Minderwertigkeitsgefühl verstärken und in uns den Wunsch wecken, uns zu verstecken.

Schwäche oder Abhängigkeit

Jede Form von Schwäche und Machtlosigkeit kann Schamgefühle auslösen.

Ich musste zur Arbeit gehen, obwohl ich in Scheidung lebte und tagelang nicht richtig geschlafen hatte. Ich gab mir große Mühe, so zu tun, als wäre alles in Ordnung. Aber mein Lächeln fühlte sich verkrampft an, weil es nicht meine innere Wirklichkeit widerspiegelte. Es war nur ein kläglicher Versuch, vor den anderen zu verbergen, wie elend es mir ging.

Maria, 42 Jahre

Es ist mir peinlich, dass ich rauche, und ich tue alles, damit es keiner merkt. Sogar wenn ich meine beste Freundin treffe, rauche ich draußen hinter dem Schuppen, wo sie mich vom Fenster aus nicht sehen kann.

Charlotte, 48 Jahre

Als mich der Therapeut nach meinen Schamgefühlen fragte, merkte ich, dass es mir gar nicht so sehr darum ging, dass jemand mich angeschnauzt hatte. Was mich belastete, war die Erfahrung, dass ich es nicht geschafft hatte, mich zu wehren.

Peter, 45 Jahre

Das Erleben der eigenen Hilflosigkeit macht oft den Kern des Schamgefühls aus. Eigentlich wünschst du dir, dass andere dich als eine starke Persönlichkeit wahrnehmen, die sich und ihr Leben im Griff hat. Das schafft allerdings niemand auf Dauer.

Das undefinierbare Gefühl, irgendwie verkehrt zu sein

Es kann passieren, dass du dich schämst, ohne genau zu wissen, warum. Vielleicht hast du den Eindruck, dass mit dir irgendetwas nicht stimmt, was du bisher nur noch nicht erkannt hast.

Als Teenager hatte ich das eigenartige Gefühl, dass mein Rücken schmutzig wäre. Aber immer wenn ich meine Sachen auszog und nachsah, stellte ich fest, dass ich mich geirrt hatte. Trotzdem passierte es immer wieder, dass ich in einem Laden stand und mich das unbehagliche Gefühl beschlich, dass etwas mit mir nicht stimmte und dass das auch alle sehen konnten – alle außer mir.

Mette, 32 Jahre

Wenn du dich für jemand anderen schämst

Findest du jemanden peinlich, mit dem du dich identifizierst, dann ist es dir unangenehm, zusammen mit dieser Person gesehen zu werden. Beispielsweise mit deinen Eltern, falls sie trinken oder arm sind oder übergewichtig. Auch dein Partner oder dein Kind kann dich durch eine Eigenheit oder durch sein Verhalten in peinliche Situationen bringen.

Mein Bruder war spastisch gelähmt und saß im Rollstuhl. Wenn wir als Kinder mit der Familie einen Sonntagsausflug machten, ging ich immer möglichst mehrere Meter vor oder hinter den anderen. Ich war ein einsamer Junge, der fürchtete, jemand könnte ihn zusammen mit diesem Bruder sehen, und gleichzeitig fühlte ich mich wie ein schlechter Mensch, weil ich ihn verleugnete.

Poul, 52 Jahre

Als mein Vater sich erhob, um eine Rede zu halten, wäre ich am liebsten unter den Tisch gekrochen und hätte mich versteckt. Dann starrte ich aber nur auf meine Serviette und hoffte, dass ich konzentriert aussah, sodass keiner merkte, wie peinlich mir mein Vater war.

Hanne, 32 Jahre

Wenn du miterlebst, wie etwas schiefläuft

Man kann sich auch für Dinge schämen, an denen man selbst gar nicht beteiligt ist. Ein Betrunkener, der auf offener Straße pinkelt, bringt damit womöglich die Passanten in Verlegenheit. Wenn jemand eine dumme Bemerkung macht, die ihm peinlich ist, kann das bei weiteren Anwesenden das gleiche Unbehagen auslösen. Ebenso wie wenn man jemanden sieht, dem Essensreste im Mundwinkel hängen, oder wenn man miterlebt, wie ein Mann seine Frau herablassend behandelt. Das Gefühl der Verlegenheit gehört ebenso zum Spektrum der Schamgefühle wie Peinlichkeit, Unbehagen oder Betretenheit.

Wie bereits erwähnt, erheben diese Beispiele nicht den Anspruch, alle denkbaren Situationen abzudecken, in denen Schamgefühle aufkommen können, sondern sie bilden nur einen Ausschnitt ab. Die Anzahl an Situationen, die Schamgefühle auslösen können, ist praktisch unbegrenzt. Die Beispiele sollen dir lediglich dabei helfen, deine Scham besser zu verstehen.

1.4 Der Unterschied zwischen Scham und Schuld

Während Schuld sich auf etwas bezieht, was du getan hast, betrifft Scham dein ganzes Sein (vgl. Tab. 1.1). Wenn du dich schuldig fühlst, kannst du in der Regel sagen, was du getan oder unterlassen hast, wodurch dein Schuldgefühl ausgelöst wurde. Anders sieht es bei der Scham aus. Es ist nämlich durchaus möglich, dass du dich schämst, ohne sagen zu können, weshalb. Vielleicht hast du nur das undeutliche Gefühl, verkehrt zu sein – das mit der Angst einhergeht, bloßgestellt oder ausgeschlossen zu werden.

Ein und dieselbe Handlung kann sowohl Schuld als auch Scham auslösen. Angenommen, du hast deinen Partner oder deine Partnerin beschimpft. Dein Schuldgefühl ist an diese Handlung gebunden, die du am liebsten ungeschehen machen würdest. Schamgefühl entsteht dadurch, dass du dich in deiner Handlung spiegelst: „Was sagt dieses Verhalten über mich als Person aus? Bin ich ein Idiot? Oder ein schlechter Mensch?“

Zu Schuld kannst du dich bekennen: „Das ist meine Schuld, es tut mir leid.“ Das ist ein Zeichen von Größe. Wenn du dich aber schämst, möchtest du am liebsten sagen „Das war ich nicht“, weil es dich erschreckt, welches Licht dein Verhalten auf dich als Person wirft.

Schuldgefühle kannst du verringern, indem du dich entschuldigst und anbietest, es wiedergutzumachen, indem du beispielsweise der anderen Person Blumen kaufst oder sie zum Essen einlädst. Bei Schamgefühlen greift diese Strategie jedoch nicht, sondern sie bleiben häufig als Gefühl der Verunsicherung über dich und deinen Wert als Mensch an dir kleben.

Schuld	Scham
Bezieht sich auf deine Handlungen.	Bezieht sich darauf, wer du bist.
Beeinträchtigt dein Selbstvertrauen.	Beeinträchtigt dein Selbstwertgefühl.
Ist mit dem Bedürfnis verbunden, aktiv zu werden.	Lähmt dich und macht dich passiv.
Wenn du dich entschuldigst, geht es dir besser.	Sich zu entschuldigen macht keinen Sinn.
Schuld kannst du oftmals wiedergutmachen.	Du kannst nichts wiedergutmachen.

Tabelle 1.1

Auch wenn Scham und Schuld häufig zusammen auftreten, sollte man sie voneinander trennen können. Denn um diese Gefühle aufzulösen, benötigt man jeweils eine eigene Strategie.

1.5 Scham ist ein Alarmzeichen

Stell dir vor, du wärst mit einem Sensor ausgestattet, einer Art Thermometer oder Barometer, der pausenlos überwacht, ob dein Verhalten dem entspricht, was in der Gruppe, in der du dich in diesem Moment aufhältst, noch akzeptabel ist. Er achtet darauf, wie die anderen dich ansehen, und registriert, wie in der betreffenden Gruppe über andere gesprochen wird. Einige Gruppen sprechen zum Beispiel positiv über Menschen, die es wagen, sich von der Gruppe abzuheben und anders zu sein. In diesem Fall wird dein Sozialradar Entwarnung geben. Befindest du dich jedoch in einer Gruppe, die abschätzig über andere spricht, indem sie beispielsweise Arbeitslose anprangert, wirst du es wahrscheinlich nicht zugeben wollen, wenn du keine Arbeit hast oder hattest. In einer Gruppe, die mit Verurteilungen schnell bei der Hand ist, wirst du dir grundsätzlich nicht gern in die Karten schauen lassen und dich davor hüten, aus dem Rahmen zu fallen.

Wenn dein innerer Sensor fürchtet, du könntest die Grenze des Akzeptablen überschreiten, löst er Alarm in Form einer Schamreaktion aus: Du schlägst den Blick nieder und wirst rot oder auch leichenblass, während dein Herz zu hämmern beginnt und du nur noch daran denkst, wie du der peinlichen Situation entkommen kannst.

Dein Sensor sorgt dafür, dass du dich so verhältst, dass deine Gruppe dich nicht ausstößt. Wenn du im Ruhemodus bist, ist er auf Stand-by, kann aber plötzlich und ohne Vorwarnung anspringen und dich in deinen Grundfesten erschüttern.

Leider löst dein Sensor häufig Fehlalarme aus. Er ist nämlich nicht auf dem neuesten Stand. So glaubt er zum Beispiel immer noch, dass es zu deinem Ausschluss aus der Gruppe führen kann, wenn du Schwäche zeigst. Das Problem liegt darin, dass unsere Gesellschaft heute ganz anders funktioniert als zu der Zeit, als sich unser Gehirn entwickelt hat. Heute ist es nicht mehr allesentscheidend, aus jeder Konfrontation als Sieger hervorzugehen. Im Gegenteil: Wer seine Unsicherheit zu zeigen wagt, dem fällt es leichter, enge Bindungen zu anderen zu knüpfen. Der Mut, die eigene Verletzlichkeit zu spüren und auch zu zeigen, ist eine Grundvoraussetzung für eine enge, intime Liebesbeziehung. Als wir noch in der Savanne lebten, haben wir um unser Überleben gekämpft. Heute besitzen wir jedoch genügend überschüssige Energie, um nach Glück zu streben – und dafür ist die Fähigkeit, zu lieben, eine Schlüsselqualifikation. Anders als früher ist es heute ebenso wichtig, zu seiner Unsicherheit zu stehen und nahestehenden Menschen zu zeigen, wo man verletzbar ist, wie seine Stärke nutzen zu können.

Dein Sensor schlägt auch immer dann falschen Alarm, wenn du in Bereiche deines Selbstverständnisses vordringst, für die dir der innere Rückhalt fehlt, sodass du nicht mehr weißt, ob du okay bist. Er registriert, dass du keinen festen Boden unter den Füßen hast, und glaubt, du stündest am Rand eines Abgrunds.

Mehr darüber, wie solche unsicheren Bereiche in deinem Selbstverständnis entstehen, findest du im folgenden Kapitel.

1.6 Scham ist eine soziale Emotion

Menschen mit einem schwach entwickelten sozialen Sensor haben kein gutes Gespür dafür, wie sie sich anderen gegenüber verhalten sollen. Solche Menschen reden unter Umständen pausenlos, ohne jemand anderen zu Wort kommen zu lassen, sie stellen aufdringliche Fragen, ohne die Verlegenheit ihres Gegenübers wahrzunehmen, oder halten eine lediglich höfliche Umarmung ein wenig zu lange, und so weiter.

Wenn deine Scham verhältnismäßig mild ausfällt und sich nur für einen kurzen Augenblick bemerkbar macht, kann sie ausschließlich positive Auswirkungen haben. Sie sorgt dann dafür, dass du dein Verhalten an dein Umfeld anpasst, sodass du dir nicht sagen lassen musst, was du falsch machst. Sie warnt dich, damit du dich bei deinen Kolleginnen, deinen Nachbarn oder deiner Familie nicht unbeliebt machst.

Zum Problem wird dein Sensor erst dann, wenn er sofort anschlägt, sobald du von einer Gruppe abweichst oder auch nur daran denkst. Dann wirfst du womöglich gleich die Flinte ins Korn und verzichtest darauf, deine Kreativität auszuleben und Nähe zu anderen herzustellen.

Da Scham eine soziale Emotion ist, spürst du sie kaum, wenn du dich allein auf einer einsamen Insel befindest. Menschen mit starken Schamreaktionen können sich am besten entspannen, wenn sie alleine sind, und wählen darum häufig ein Leben, in dem sie auf niemand anderen angewiesen sind. Das kann allerdings wiederum Scham auslösen – wenn sich diese Menschen nämlich auch noch dafür schämen, dass sie allein sind. So schließt sich der Teufelskreis: Jemand wählt das Alleinsein, um der Scham zu entfliehen, schämt sich dann aber wiederum für diese Einsamkeit.

Man muss gar nicht einmal alleine wohnen, um sich einsam zu fühlen. Auch mitten in einer Menschenmenge kannst du dich fühlen, als wärst du auf einer einsamen Insel. Vielleicht weiß keiner der anderen, wer du wirklich bist und wie es dir geht. Übertrieben starke Scham führt nicht selten in die Isolation.

ÜBUNGEN

Denk darüber nach, welche Situationen deine Scham hervorrufen, und schreib eine Liste.

Hat dein sozialer Sensor in bestimmten Situationen die Gefahr überschätzt, die dein Abweichen von einer Gruppe darstellt?

Erinnere dich an eine Situation, in der du Schuld und/oder Scham empfunden hast. Versuch, die beiden Gefühle voneinander zu trennen.

Zusammenfassung von Kapitel 1

Ausdrucksformen und Eigenschaften des Schamgefühls

Scham tritt in ganz unterschiedlichen Ausprägungen auf. Die Spanne reicht von einem schwachen Unbehagen bis zu dem überwältigenden Gefühl, peinlich oder nichtswürdig zu sein.

Scham beinhaltet die Angst, aus einer Paarbeziehung, einer Gruppe oder sogar der Gesellschaft ausgeschlossen zu werden.

Anders als Schuldgefühle kann man Schamgefühle nicht durch eine Entschuldigung oder eine Wiedergutmachung beseitigen.

Scham ist eine soziale Emotion. Im besten Fall hilft sie dir dabei, dich in zwischenmenschlichen Kontakten sicher zu bewegen. Im schlimmsten Fall hast du einen hyperaktiven Sensor, der häufig Fehlalarme auslöst, sodass quälende Schamgefühle dich schon überrollen, sobald du nur minimal von deinem Umfeld abweichst.

Was uns beschämt, ist von Mensch zu Mensch unterschiedlich. Allerdings gibt es bestimmte Umstände, die eine stärkere Tendenz haben, Scham hervorzurufen, als andere. Dabei handelt es sich meist um Situationen, in denen wir uns schwach und machtlos fühlen.

2. Chronische Scham entsteht aus missglückten Begegnungen

Scham kann eine gesunde Reaktion sein, wenn sie nur kurzzeitig auftritt und dich davor warnt, dass du im Begriff bist, eine Grenze zu überschreiten – entweder die Grenze einer Person oder die Grenzen dessen, was in deinem sozialen Umfeld noch akzeptabel ist. Wenn du aber dauerhaft das Gefühl hast, dass mit dir etwas nicht stimmt, handelt es sich um chronische Scham. Je mehr chronische Scham du mit dir herumträgst, desto eher tendierst du dazu, in Situationen, die deine Scham auslösen, überzureagieren. Dann ist dein Bedürfnis, dich zu verstecken, nicht vorübergehend, sondern wird zu einem Unbehagen, das mehrere Tage lang anhalten kann.

Es ist durchaus möglich, dass du längere Zeit glücklich lebst, ohne besonders viel von deiner chronischen Scham zu merken. Doch äußere Ereignisse, Krisen oder Katastrophen können sie wieder heraufbeschwören, sodass du dich unversehens als durch und durch verkehrt empfindest.

Chronische Scham entsteht, wenn du wiederholt falsch gelesen wurdest.

Zusammengehörigkeit vermittelt uns Geborgenheit. Die Verbundenheit mit anderen spüren wir ganz besonders am Blickkontakt. Sicher hast du schon einmal jemandem in die Augen geschaut und dich dabei gesehen und verstanden gefühlt. Auch in der Resonanz unserer Stimmen können wir Verbundenheit wahrnehmen, wenn wir einander in derselben Tonlage antworten und uns miteinander in Einklang befinden. Die Freude und die Verbindung, die entstehen, wenn jemand unserem Blick begegnet und uns auf eine Weise antwortet, dass wir uns erkannt fühlen, empfinden wir als stark und lebensbejahend. Wenn dir jedoch das, was du aussendest, auf einer anderen Frequenz zurückgespiegelt wird, bist du wahrscheinlich verwirrt oder fühlst dich unverstanden.

Nach mehreren Anläufen habe ich meinem Freund schließlich erzählt, dass ich Angst habe, ihn zu verlieren. Ich hoffte, er würde einfühlsam reagieren und mir meine Verletzlichkeit zurückspiegeln. So war es aber nicht. Er sah mich mit abwesendem Blick an und erwiderte „So was soll's ja geben", in einem Tonfall, als spreche er von seinem neuen Fahrrad. Ich war total vor den Kopf gestoßen und sehr verunsichert.

Anita, 52

Hätte Anita ein stabiles Selbst(wert)gefühl gehabt, hätte sie vielleicht vermutet, dass ihr Freund gerade nicht in der Stimmung war, um Nähe zuzulassen, oder dass er ihre Intention missverstanden hatte. Vielleicht hätte sie auch noch einmal nachgehakt und ihn gefragt, wie er ihre Worte eigentlich aufgefasst hatte.

Wenn die Reaktion deines Gegenübers an dem, was du ausgesendet hast, vorbeigeht, benötigst du einen starken Glauben an deinen Wert, um dich nicht verunsichern zu lassen. Ist dein Selbstgefühl schwach ausgeprägt, braucht es nicht viel, damit du Angst bekommst, verkehrt zu sein.

2.1 Selbstwert und Selbstgefühl

Selbstwert ist deine eigene Einschätzung deiner Bedeutung und deines Werts. Hast du in deinem Leben Interesse, Anerkennung und Respekt erfahren, konntest du ein gutes Selbstwertgefühl entwickeln. Das erwächst nämlich aus positiven Erlebnissen, bei denen du dich gesehen, wertgeschätzt und geliebt fühlst. Selbstgefühl ist dein Gespür für dich selbst.

Schon als Säuglinge suchen wir mit unserem Blick die Augen eines anderen Menschen, mit denen wir in Kontakt treten können. Wir entdecken uns selbst, indem wir uns in den Reaktionen anderer spiegeln, und vor allem, indem wir uns in ihrem Blick wiedererkennen. Das bestätigt uns, dass das, was wir in uns spüren, real und in Ordnung ist. Dadurch entwickelt sich unser Selbstgefühl.

Die Begriffe Selbstwert und Selbstgefühl bezeichnen also deine Einschätzung bzw. deine Wahrnehmung deines Selbst. Beide haben mit deinem Sein zu tun. Anders sieht es beim Selbstvertrauen aus. Dabei handelt es sich um das Vertrauen in deine Fähigkeiten. Du kannst durchaus fachlich hervorragend sein und großes Selbstvertrauen haben, während dir gleichzeitig jedes Gespür dafür fehlt, wer du im tiefsten Inneren bist und welchen Wert du als Mensch besitzt. Selbstvertrauen entsteht aus positiven Erfahrungen, dass du in der Welt zurechtkommst.

Ein gutes Selbstvertrauen bietet allerdings keinen Schutz vor Schamgefühlen. Dein Glaube daran, dass du liebenswert bist, kann nämlich minimal sein, während deine Überzeugung, dass du in der Welt etwas bewegen kannst, unerschütterlich ist. Wenn du aber einen guten Selbstwert und ein gutes Selbstgefühl hast, wirst du dich weniger schnell und weniger stark schämen. Sowohl dein Selbstwert als auch dein Selbstgefühl wachsen, wenn dir jemand liebevoll begegnet.

Wie intensiv deine Reaktion auf eine Scham auslösende Situation ist und wie lange sie andauert, hängt davon ab, wie stark dein Selbstgefühl und dein Selbstwert sind. Beide sind aus lebensbejahenden Begegnungen mit anderen entstanden, vor allem aus Begegnungen mit deinen engsten Bezugspersonen, als du klein warst.

2.2 Sich gesehen fühlen

Augenkontakt kann sehr angenehm und zutiefst beruhigend sein. Manche Augen blicken offen und ruhig, und es tut gut, sich darin zu spiegeln. Sich gesehen zu fühlen ist eine außerordentlich lebensbejahende Erfahrung. Sie entsteht, wenn jemand dir offen und vorbehaltlos begegnet und dich in seiner Gefühlswelt willkommen heißt, wo du einen Augenblick lang verweilen kannst, während der andere dir antwortet. Du spürst, dass er dir auf exakt derselben Wellenlänge begegnet, auf der du sendest, und du erkennst dich im Blick, im Tonfall, in der Wortwahl und der Körpersprache des anderen wieder. Bisweilen kannst du das beinahe körperlich spüren, als ob die Augen deines Gegenübers dich berühren würden. Vielleicht fühlst du dich, als würdest du wie ein Kind von liebenden Armen gehalten oder getragen. Ein solches Erlebnis berührt oftmals beide Beteiligten tief. Womöglich kommt es dir so vor, als ob der Teil von dir, den du offenbarst, erst in dem Augenblick geboren wird, in dem ein anderer ihn sieht und erkennt.

Gelegentlich kann sowohl das, was du sendest, als auch das, was du empfängst, ausschließlich nonverbal sein.

Eltern, die ausgeglichen sind und ausreichend Ressourcen haben, ermöglichen ihren Kindern lebensbejahende Begegnungen, indem sie sich ganz unwillkürlich an die Mimik, den Tonfall, die Körperhaltung und die Atmung des Kindes anpassen. So sind Eltern und Kind schon bald auf der gleichen Wellenlänge. In der Antwort der Mutter oder des Vaters kann das Kind sich selbst wiedererkennen. Damit hat es den Schlüssel, um sich zu spüren und zu erkennen, wer es ist, sodass es ein stabiles Selbstgefühl und einen guten Selbstwert entwickeln kann.

2.3 Ein Zerrspiegel

Manche Eltern sind von der Aufgabe, ihrem Kind diesen inneren Raum anzubieten und es zu spiegeln, überfordert. Möglicherweise leiden sie selbst unter unbewältigten Traumata und emotionalem Stress, oder sie wurden in ihrer Kindheit nicht angemessen gespiegelt und müssen nun all ihre emotionale Energie aufbringen, um mit sich zurechtzukommen und heilen zu können.

Wenn das Kind mit seinem Blick nach einem Gegenüber sucht, um Klarheit über sich selbst zu erlangen, und die Eltern sind nicht imstande, dem Kind liebevoll zu begegnen, wird es durch das Fremde im Blick seiner Eltern verwirrt und beunruhigt.

Im schlimmsten Fall kommt es vor, dass der Erwachsene und das Kind die Rollen tauschen, wobei das Kind versucht, sich auf die Wellenlänge des Elternteils einzustellen und ihn positiv zu spiegeln, damit er zur Ruhe kommen kann. Wenn Eltern nicht in der Lage sind, sich in ihr Kind einzufühlen und es zu spiegeln, bleibt dem Kind nur eine Möglichkeit, um Harmonie mit seiner Mutter oder seinem Vater herzustellen – indem es selbst zu einem guten Spiegel wird. Es wird darum versuchen, es dem Erwachsenen leicht zu machen und seine eigenen Bedürfnisse nicht zu zeigen, damit der Erwachsene sich nicht unzulänglich fühlt und mit Unbehagen reagiert. In einer solchen Situation erhält das Kind keine Klarheit über sich. Es entwickelt ein schwaches Selbstgefühl und das Gefühl, unwirklich zu sein.

Nur sehr wenige Eltern sind grundsätzlich außerstande, sich auf die Wellenlänge ihres Kindes einzustellen. Allerdings finden sich bei den meisten Menschen einzelne Bereiche, in denen sie dieser Aufgabe nicht gewachsen sind, weil sie selbst mit Schwierigkeiten zu kämpfen haben oder weil sie verunsichert sind, wenn ihr Kind zum Beispiel negative Gefühle ausdrückt.

> *Wenn mein Kind weinte, habe ich befürchtet, ich hätte etwas falsch gemacht und wäre eine schlechte Mutter. Das konnte ich nur schwer aushalten, darum habe ich dann Faxen gemacht und mich überschlagen, um ihm ein Lächeln zu entlocken.*
>
> Marie, 56 Jahre

Tatsächlich erfolgt hier eine umgekehrte Spiegelung, in der Marie ihr Kind ansieht und dabei nach Erkenntnissen über sich selbst forscht. Statt sich darauf zu konzentrieren, ihren Sohn wahrzunehmen und zu verstehen, um sein emotionales Erleben zu bestätigen, ist sie mit der Frage beschäftigt, ob sie eine gute Mutter ist. Dadurch erfährt ihr Sohn keine Spiegelung. Er kann sich in der Antwort seiner Mutter nicht wiedererkennen. Er hat niemanden, der ihm sagt: „Du bist anscheinend traurig. Das ist vollkommen in Ordnung." Marie spiegelt ihren Sohn nicht in Mimik, Tonfall und Körpersprache. Er kann darum kein Verständnis für sich selbst entwickeln, auf das er in Momenten, in denen er sich traurig fühlt, zurückgreifen könnte. Seine Traurigkeit erfährt eine Spiegelung, die ihm vermittelt: „Du existierst nicht." Und diese Erfahrung von Nichtexistenz ist der eigentliche Kern der Scham.

Marie ist keine schlechte Mutter. Sie hat nur selbst wenig gute Spiegelung erlebt, und unbewusste Kräfte in ihr drängen so stark nach dieser Erfahrung, dass sie sich ihrem Kind gegenüber nicht angemessen verhält. Vielleicht weiß Marie nicht, wie existenziell wichtig es für ihren Sohn ist, dass sie sich auf seine Gefühle einstellt und ihm auf seiner Wellenlänge antwortet. Oder sie weiß es, ist der Aufgabe aber nicht gewachsen. Vielleicht wird sie auch jedes Mal wieder von ihren eigenen starken inneren Kräften geleitet und von dem unwiderstehlichen Drang ergriffen, sich selbst in den Fokus zu rücken und zum Beispiel „die lustige Mutter" zu spielen – in der Hoffnung, von ihrem Kind mit einem Lächeln bestätigt zu werden. Bei anderen Gelegenheiten spielt sie vielleicht „die kluge Mutter" und versucht, ihrem Kind beizuspringen und seine Probleme zu lösen – in der unbewussten Hoffnung, als „gute Mutter" Anerkennung zu finden. Auch dabei bekommt das Kind nicht die Spiegelung, die es ihm ermöglichen würde, sich selbst zu entdecken.

Auch positive Gefühle ihres Kindes können eine Mutter überfordern:

> *Wenn meine Tochter auf meinen Schoß krabbelt und mich in den Arm nehmen will, verkrampfe ich. Ich habe das Gefühl, dass sie etwas von mir möchte, was ich nicht habe. Mir geht es am besten, wenn ich meinen Gedanken nachhängen und Sachen ordnen kann. Darin bin ich nämlich wirklich gut.*
>
> Karina, 33 Jahre

Karinas Tochter bekommt ihr Bedürfnis nach Liebe und Körperkontakt nicht so gespiegelt, dass ihr Selbstgefühl gestärkt würde. Ihre Gefühle werden ignoriert und sie schließt daraus, dass ihre Mutter ihre liebevollen Annäherungsversuche nicht möchte, weil sie sie nicht auf derselben Wellenlänge erwidert. Zwischen den beiden kommt es zu keiner Begegnung.

Der Sensor des Kindes meldet: VERKEHRT! Da es für das Kind viel zu angstbesetzt wäre, seine Mutter als „verkehrt" zu begreifen, sucht es stattdessen den Fehler bei sich selbst. Voraussichtlich wird es zu dem Ergebnis kommen, dass mit seinem eigenen Bedürfnis nach Liebe und Aufmerksamkeit etwas nicht in Ordnung ist. Später wird aus diesem Mädchen wahrscheinlich eine abwartende und zurückhaltende

Erwachsene werden, die sich schnell schämt und glaubt, dass etwas nicht mit ihr stimmt, wenn sie den Wunsch verspürt, sich jemandem liebevoll zu nähern.

Auch kindliche Wut wird nicht selten ignoriert oder negativ zurückgespiegelt:

> *Wenn mein Sohn wütend wird, macht mich das sehr unsicher, ob die Grenze, die ich ihm gesetzt habe, angemessen ist, oder ob ich zu streng bin. Ich verwende viel Energie darauf, ihm zu erklären, warum er etwas nicht darf, sodass wir am Ende beide frustriert sind. Ich glaube nicht, dass er mich versteht.*
>
> Karoline, 24 Jahre

Wenn Karolines Sohn wütend reagiert, ist sie ganz von sich selbst in Anspruch genommen. Nicht, weil sie eine schlechte Mutter wäre, sondern weil sie eine unsichere Mutter ist, die nicht genug Unterstützung darin erfahren hat, sie selbst zu sein. Ihr Sohn ist darauf angewiesen, dass sie ihn sieht und ihm gegenüber eine Reaktion zeigt, die ihm bestätigt, dass sein Gefühl in Ordnung ist und dass sie ihn trotzdem liebt. Mit ihren weitschweifigen Erklärungen kann er nichts anfangen. Er braucht einen liebevollen Blick, der ihm sagt: „In diesem Augenblick bist du ein wütendes und trotzdem ein liebenswertes Kind.“

Wenn sie ihm nur bestimmte Gefühle zurückspiegelt, bekommt er ein Bild von sich selbst, das einem Puzzlespiel ähnelt, in dem einige Teile fehlen, während zwischen den anderen Teilen jeweils ein Zwischenraum von einigen Millimetern klafft. Er kann kein einheitliches Selbstbild entwickeln. Wenn er fröhlich ist, wird er sich liebenswert fühlen, doch wenn er wütend ist, wird sein ganzer Glaube an sich selbst wie durch einen Spalt versickern, sodass sein Selbstgefühl ihm verloren geht.

Kinder erleben alles intensiver als Erwachsene. Für ein Kind, das noch kein Selbstgefühl hat und auf die Bindung an eine erwachsene Bezugsperson angewiesen ist, ist eine solche Situation hundertmal beängstigender. Stell dir vor, du blickst in einen Spiegel, der dein Gesicht so stark verzerrt, dass du einem Monster ähnelst. Oder in einen Spiegel, der dir ein hübsches, perfektes Gesicht zeigt, in dem du dich kaum wiedererkennst. Ein Kind wird den Fehler nicht beim Spiegel suchen, sondern bei sich selbst. Und das wird in ihm ein Gefühl hinterlassen, als existiere es nicht. Wenn du niemals gesehen wurdest, kannst du nicht wirklich wissen, ob du existierst. Die Erfahrung, ignoriert oder unangemessen gespiegelt zu werden, ist für das Kind so unangenehm, dass es sie oftmals schnell verdrängt.

Wir alle sind als Kinder schon einmal zurückgewiesen, ignoriert oder verzerrt gespiegelt worden. Selbst die besten Eltern liegen mit ihren Antworten auf ihr Kind circa jedes zweite Mal daneben, wie der britische Psychoanalytiker Peter Fonagy 2006 schreibt. Es reicht jedoch aus, wenn nur jede dritte Begegnung einfühlsam und auf der gleichen Wellenlänge verlaufen ist, damit du gute Voraussetzungen hast, um zu wissen, wer du bist.

2.4 Achtsame Spiegelung schafft inneren Rückhalt

Als Kind war ich gut in Mathematik, und darin wurde ich auch gut gespiegelt. In den Augen meiner Eltern und meiner Lehrer war ich ein intelligentes Kind. Darum nehme ich mich heute selbst als klugen Menschen wahr und glaube an meine Fähigkeit, auch wenn mich mein Umfeld einmal anders spiegelt. Das passierte mir bei einem Mittagessen in meinem Büro in der Filmstadt Aarhus. Dort war ich von Journalisten und anderen intelligenten, extrem gut informierten Menschen umgeben. Ich selbst sehe nur selten fern und halte mich nur notdürftig über das Weltgeschehen auf dem Laufenden. Eines Tages drehte sich das Gespräch um einen bestimmten Film. Da ich wusste, dass einer der Journalisten selbst Filmemacher war, erkundigte ich mich, ob er den Film gedreht hatte. Alle verstummten und schienen peinlich berührt zu sein. In belehrendem Ton klärte mich der betreffende Journalist darüber auf, wer den Film gemacht hatte. Offenbar kannten die meisten diesen Film – nur ich nicht. Ich starrte auf die Tischplatte und schämte mich. Mein Unbehagen ging jedoch nicht besonders tief und dauerte auch nicht lange. Denn ich weiß, dass ich intelligent bin, auch wenn ich eine Frage gestellt hatte, die in den Ohren der anderen dumm klang.

So funktioniert guter innerer Rückhalt.

Deinen inneren Rückhalt verdankst du einem oder auch mehreren wichtigen Menschen in deinem Leben. Wenn du eine liebevolle Mutter hattest, kannst du sie sicher heute noch hin und wieder sagen hören „Das schaffst du schon“, wenn du vor einer schwierigen Situation stehst. Vielleicht hattest du in der Schule auch einen guten Lehrer, der dein Potenzial gesehen hat und den du dir auf deine innere Bühne holen kannst, wenn du Unterstützung brauchst.

Die Menschen, die uns früher einmal erzählt haben, wer wir sind, leben gewissermaßen in uns weiter und können vor unserem inneren Auge erscheinen, um uns zu helfen oder uns zu kritisieren. Sicherlich hast du Eigenschaften, für deren Ausdruck du einen guten inneren Rückhalt besitzt, während andere Seiten – zum Beispiel eine Emotion oder ein Bedürfnis – vielleicht niemals gesehen und gewürdigt wurden, weshalb sie für dich mit einem Gefühl des Makels verbunden sind.

2.5 Fehlende Spiegelung führt zu einem Mangel an innerem Rückhalt

Während ich schrieb, dass ich davon überzeugt sei, ein intelligenter Mensch zu sein, wurde ich nervös. Ich habe nämlich keinen inneren Rückhalt dafür, mich selbst zu loben. Darum fiel es mir unglaublich schwer, die Worte hinzuschreiben, und ich konnte mich nur beruhigen, indem ich mir permanent sagte, dass ich sie ja auch jederzeit wieder löschen könne.

Als ich klein war, war es in meiner Familie nicht gern gesehen, dass Kinder sich in den Vordergrund drängten. Vielleicht befürchtete mein Vater, dass wir sonst verzogen würden, denn immer, wenn ich mich für etwas Besonderes hielt, wurde ich sofort zurechtgestutzt. Noch heute sehe ich den reservierten Blick meines Vaters vor mir, wenn ich mich einmal erdreiste, selbstzufrieden zu sein.

Vielleicht hattest du als Kind ein bestimmtes Gefühl, ein Bedürfnis oder eine Erfahrung, für die du dir Aufmerksamkeit gewünscht hast, die aber fast immer ignoriert oder dir verzerrt zurückgespiegelt wurden.

> *Wenn ich als Kind ganz besonders unglücklich und verzweifelt war, sah mein Vater mich an wie eine Fremde. „Du hast keinen Grund, dich selbst zu bemitleiden", sagte er dann. Oder auch: „Stell dich nicht so an!"*
>
> Gerda, 52 Jahre

Als erwachsene Frau tut Gerda sich in engen Beziehungen schwer. Einem anderen Menschen gefühlsmäßig nah zu sein ist für sie mit großer Anstrengung verbunden. Wenn sie traurig ist, ist sie am liebsten allein, und wenn jemand in einem unbewachten Augenblick ihre Traurigkeit sieht, wird sie quälend unsicher und hat Angst, gering geschätzt oder verlassen zu werden.

Wenn dir für eine bestimmte Seite deiner Persönlichkeit der innere Rückhalt fehlt, kannst du ihn auch zu einem späteren Zeitpunkt noch erwerben. Ein anderer Mensch, der dich sieht und deine bisher vernachlässigte Seite in seiner Mimik, im Tonfall und auch mit der Körpersprache spiegelt und dir Akzeptanz entgegenbringt, kann dir vermitteln, dass der betreffende Teil deiner Persönlichkeit liebenswert oder zumindest okay ist.

Dort, wo du nicht gesehen wurdest, fehlt es dir an Selbstgefühl. Dort bildet sich der Nährboden für chronische Scham – also nicht jene vorübergehende Reaktion, die du spürst, wenn du zum Beispiel einen Fehler gemacht hast, sondern das dauerhafte Gefühl, nicht liebenswert oder verkehrt zu sein.

ÜBUNGEN

Denk darüber nach, welche Spiegelung du erfahren hast, als du klein warst.

Gab es Seiten an dir, die dir gut gespiegelt wurden?

Gab es womöglich auch Seiten, die im Verborgenen bleiben mussten und die heute liebevolle Aufmerksamkeit brauchen?

Zusammenfassung von Kapitel 2

Chronische Scham entsteht aus missglückten Begegnungen

Du brauchst den Blick und die Reaktionen eines anderen Menschen, um dich darin zu spiegeln und einen guten Selbstwert und ein gesundes Selbstgefühl entwickeln zu können. Scham und das Gefühl, verkehrt zu sein, entstehen, wenn du zu oft die Erfahrung gemacht hast, dass das, was du deinen frühesten Bezugspersonen gegenüber ausgedrückt hast, dir in verzerrter Form zurückgespiegelt oder einfach ignoriert wurde. Ist das in deiner Kindheit häufig vorgekommen, spürst du, dass es Seiten an deiner Persönlichkeit gibt, die du nicht kennst. Darum verunsichert es dich, wenn dein Umfeld zum Beispiel jene Freude oder Wut aktiviert, die nie gesehen wurden und darum für dich mit dem Gefühl verknüpft sind, du seist nicht richtig oder nicht wirklich.

3. Scham kann eine Reaktion auf ein mangelhaftes Selbstgefühl sein

Wenn eine Seite deiner Persönlichkeit gefordert wird, die dir nie gespiegelt wurde und dir darum in gewisser Weise fremd ist, reagierst du wahrscheinlich, indem du traurig wirst, dich genierst oder nervös wirst. Wurde dir beispielsweise niemals deine Wut gespiegelt und du erlebst, dass jemand anders sich in einer Warteschlange vordrängelt, werden deine Gedanken und Gefühle einen Moment lang wie gelähmt sein. Hat dir niemand deine Traurigkeit gespiegelt und erfährst du dann im Beisein deiner Kollegen, dass die Reise, auf die du dich so gefreut hast, abgesagt wurde, möchtest du wahrscheinlich am liebsten im Boden versinken und wirst versuchen, deine Enttäuschung zu verbergen. Oder du stehst vor einer Aufgabe, von der du nicht weißt, wie du sie lösen sollst, und hast keinen inneren Rückhalt dafür, dich unsicher zu fühlen.

In einer Situation, in der du einen Teil von dir aktivieren musst, für den du keine innere Unterstützung hast, bist du verunsichert und fühlst dich möglicherweise unwirklich. Vielleicht beherrscht dich auch die Angst davor, herabgewürdigt oder verlassen zu werden.

Verlässt du den Bereich, für den du inneren Rückhalt hast, oder triffst auf eine Schwachstelle in deinem Selbstgefühl, schlägt dein Sensor Alarm. Er misst kontinuierlich, wie groß dein Risiko ist, abgewiesen oder ausgeschlossen zu werden, weil er dich in Lebensgefahr wähnt, und er alarmiert deine Scham, damit du zurückschreckst und Deckung suchst.

Wenn du mit denjenigen Bereichen deiner Persönlichkeit in Kontakt bist, in denen dein Selbstverständnis keine Defizite hat, hast du das gute Gefühl, festen Boden unter den Füßen zu haben. Wurdest du als Kind überwiegend positiv und gesund gespiegelt, wenn du glücklich warst, dann hast du ein stabiles Vertrauen in deinen Wert als glücklicher Mensch. Fühlst du dich glücklich, bist du ganz mit dir im Reinen und kannst dich im Kontakt mit anderen gut entspannen. Ist man dir vorwiegend ablehnend begegnet oder hat dich ignoriert, als du unsicher warst, kann es sein, dass das Gefühl der Unsicherheit für dich mit Scham verbunden ist.

Ein Kind kann die Erkenntnis, dass seine engste Bezugsperson es lieblos behandelt, wenn es unsicher ist, nicht ertragen. Es projiziert darum lieber das Gefühl des Verkehrtseins in sich selbst hinein.

Dieses Kind wächst zu einem Erwachsenen heran, der sich schämt, wenn er verunsichert ist. Das kann sich so anfühlen, als betrete man einen nicht vorhandenen Fußboden oder als liefe man über eine Fläche, die plötzlich zu einer schiefen Ebene wird, von der man abrutscht. Während einer solchen Schamreaktion schreit eine Instanz „VERKEHRT". Dabei wirst du wahrscheinlich nicht erkennen, dass dieses Verkehrte auf eine Störung hindeutet, die in deiner Kindheit häufig aufgetreten ist. Stattdessen glaubst du, dass etwas mit dir nicht stimmt.

Die Scham kann dich wie ein Blitz aus heiterem Himmel treffen und in dir den Wunsch wecken, dein Gesicht zu verbergen. Vielleicht fühlt es sich so an, als wäre dir die Kontrolle über deine Gesichtszüge entglitten. Als wäre die enge Verbindung unterbrochen, die unter normalen Umständen zwischen deinem inneren Erleben und deinem Gesichtsausdruck besteht. Der Bereich in dir, mit dem dein Gesichtsausdruck in diesem Moment in Kontakt treten sollte, existiert nämlich nicht. An dieser Stelle gibt es ein Defizit in deinem Selbstgefühl, einen Bereich, wo du nicht existierst, weil du dort noch nie gesehen und gespiegelt worden bist.

3.1 Die Angst, sich im Nichts zu verlieren

Wenn dir ein anderer Mensch das spiegelt, was vorher noch niemand gesehen hat und was dir selbst fremd ist, kann das für dich mit Scham und Angst verbunden sein. Du spürst, dass irgendetwas fehlt. Vielleicht fürchtest du, von diesem Hohlraum verschlungen zu werden – und ins Nichts zu verschwinden.

Wenn du aber, anstatt dem Wunsch nachzugeben, dich zu verstecken, dein Unbehagen mit jemandem teilst, stellt sich oftmals heraus, dass der vermeintlich große Troll in Wirklichkeit ganz friedlich ist. Wie wenn du nachts im Dunkeln wach liegst und dich ein unbekanntes Geräusch erschreckt, das sich dann als Schmetterling an der Fensterscheibe entpuppt und das du als völlig harmlos erkennst, wenn du das Licht einschaltest.

Es gab eine Phase in meinem Leben, als ich fast keine Lebenslust hatte. Der Tod erschien mir sogar wie eine Erlösung. Über so etwas kann man mit niemandem sprechen. So ging es mir damals. Wenn ich jemandem davon erzählt hätte, wären alle entsetzt gewesen, und ich wäre zu einem Nichts geworden.

Aber ich wollte, dass es mir besser ging, und obwohl ich vor Angst wie gelähmt war, habe ich meinen Mut zusammengenommen und es in einer Therapiegruppe laut ausgesprochen. Die Gruppenleiterin war gar nicht so schockiert, wie ich erwartet hatte. „Du bist also jemand, der den Tod hin und wieder als Erlösung sieht“, sagte sie.

Ich war völlig perplex. Geht das, kann man so jemand sein? Ja, das kann man. Das wurde mir plötzlich klar. Ich war nicht zu einem Nichts geworden, sondern zu einer Person, die den Tod hin und wieder als Freund betrachtet. Und als ich mich im Blick der Gruppenleiterin spiegelte, kam mir das gar nicht mehr so schlimm vor. Ich akzeptierte, dass ich manchmal einfach so bin, und fühlte mich weniger zerrissen.

Susanne, 42 Jahre

Nach dieser Erfahrung war eines von Susannes inneren Defiziten behoben und hatte einen Großteil seines Schreckens für sie verloren. Mehr noch, sie erkannte, dass ihre Gedanken an den Tod in Wahrheit einen tiefen Wunsch nach Veränderung und nach mehr Leben ausdrückten. Jetzt hat sie den ersten Schritt in diese Richtung gemacht.

Das A und O bei der Arbeit an Schamgefühlen ist, sie ans Licht zu bringen. Wir brauchen das Licht von einem Paar empathischer Augen, um erkennen zu können, dass wir durch ein unvollständiges Selbst-Bewusstsein nicht ins Bodenlose fallen, auch wenn wir uns den inneren Bereichen nähern, die uns Angst machen.

3.2 Gravierende Defizite im Selbstgefühl

Wir alle haben kleine oder größere Defizite in unserem Selbstverständnis. Je mehr es sind und je größer sie ausfallen, desto schwerer fällt es uns, uns zu entspannen und im Kontakt mit anderen Menschen lebendig und spontan zu sein.

Die weißen Bereiche im folgenden Modell (Abb. 3.1) stellen die Lücken in Sofies Selbstgefühl dar. Wenn sie ihre Aufmerksamkeit auf die zusammenhängenden Bereiche richtet, die die Lücken umgeben, hat sie das verlässliche Gefühl, festen Boden unter den Füßen zu haben. Das ist zum Beispiel der Fall, wenn sie allein ist und ihrem Hobby nachgeht. Oder wenn sie Zeit mit ihrer besten Freundin verbringt und sie sich über etwas austauschen, das sie beide interessiert.

Abbildung 3.1

Sofies Eltern waren nicht in der Lage, sich ausreichend auf ihre Wellenlänge einzustellen und ihr liebevolle Aufmerksamkeit und gesunde Spiegelung zu geben. Darum hat sie zahlreiche „weiße Bereiche“ in ihrem Selbstverständnis. Sie wird von dem grundlegenden Gefühl beherrscht, verkehrt zu sein, und schämt sich beim kleinsten Anlass.

> *Wenn ich freitags beim After-Work gewesen bin, komme ich nur schwer wieder zur Ruhe. Ich gehe alles, was ich gesagt habe, noch einmal im Kopf durch, und finde immer etwas, das mir peinlich ist und von dem ich mir wünsche, dass ich es anders gesagt hätte. Während meine Gedanken darum kreisen, was andere schlimmstenfalls über mich denken könnten, winde ich mich vor Scham. Leider habe ich eine ziemlich lebhafte Fantasie und male mir selten etwas Positives aus.*
>
> Sofie, 22 Jahre

Eine derartig große Unsicherheit ist sehr belastend und geht auf Kosten von Spontanität und Lebensqualität.

Auch Irene ist ein Beispiel für jemanden, der nur sehr wenig festen Boden unter den Füßen hat.

Sie erzählt:

> *Ich muss in allem, was ich tue, überragend sein. Sonst kann ich mich selbst nicht leiden.*
>
> Irene, 32 Jahre

Vermutlich hat Irene als Kind nur dann guten Kontakt und positive Spiegelung erfahren, wenn sie hervorragende Leistungen gezeigt hat. Und es gab niemanden, der hätte einspringen und sie unterstützen können, wenn sie andere Seiten ihrer Persönlichkeit ausdrückte.

3.3 Wenn der feste Boden fehlt

Hin und wieder hat Irene das Gefühl, als balanciere sie auf einem Seil. Sie muss unsichere Passagen ausgleichen und hat keinen festen Boden unter den Füßen, sodass jeder zwischenmenschliche Kontakt eine Anstrengung bedeutet. Womöglich weiß sie gar nicht, weshalb sie so schnell sozial erschöpft ist. Das ist jedoch die natürliche Folge daraus, dass ihr Selbstgefühl nur in wenigen Bereichen so stabil ist, dass sie sich zutraut, sich einzubringen und mit anderen Menschen in einen Austausch zu treten, der ihre Energiereserven auflädt.

Wenn dein Selbstgefühl viele „weiße Bereiche" hat, so wie Irenes, wirst du die Erfahrung machen, dass es nicht viel braucht, damit du in Verlegenheit gerätst oder dich schämst. Allerdings lassen sich diese Defizite beheben. Mit jedem Defizit, das du durch Selbst-Bewusstsein ausgleichst, gewinnst du an innerer Freiheit, die es dir ermöglicht, zusammen mit anderen spielerisch und spontan zu sein. Im zweiten Teil dieses Buches lernst du, wie du an diesen weißen Stellen arbeiten kannst.

ÜBUNGEN

Ruf dir eine Situation in Erinnerung, in der du Scham empfunden hast oder dir etwas peinlich war.

Entwirf ein Modell von dir selbst. Zeichne weiße Bereiche ein und beschreib, wann dir deiner Meinung nach der innere Rückhalt fehlt. Zum Beispiel „Wenn ich einen Fehler gemacht habe“ oder „Wenn ich ehrlich begeistert bin“.

Zusammenfassung von Kapitel 3

Scham kann eine Reaktion auf mangelndes Selbstgefühl sein

Wenn es die Situation erfordert, dass du einen Teil von dir aktivierst, den du nicht kennst, weil dich dort noch kein liebevoller Blick berührt hat, bist du vermutlich unbeholfen und unsicher. Ganz anders fühlst du dich, wenn Seiten an dir angesprochen werden, die dir gut gespiegelt wurden. Wenn du diese Seiten ins Spiel bringst, spürst du festen Boden unter den Füßen. Falls dein Selbstverständnis viele Defizite hat, wendest du im Kontakt mit anderen Menschen wahrscheinlich viel Energie auf, um diesen Bereichen auszuweichen und normal zu wirken.

4. | Scham hemmt dich

Wenn du Angst hast, dass die Scham wieder zuschlagen könnte, tust du vielleicht nicht das, wozu du Lust hast, sondern das, wovon du glaubst, dass andere es von dir erwarten. Sicher hast du es schon einmal erlebt, dass du dir selbst etwas Gutes tun wolltest, dich aber aus Furcht vor den Kommentaren der anderen nicht getraut hast.

Mein Mann ist ein ziemlich kontaktfreudiger Mensch und möchte gern jedes Wochenende ausgehen oder Gäste einladen. Ich würde meine Wochenenden am liebsten ohne alle Verpflichtungen verbringen, aber es fällt mir schwer, alles abzusagen. Ich kann meine sehr extrovertierte Freundin schon fragen hören: „Bist du etwa krank?" Ich möchte auf keinen Fall, dass andere mich für sonderbar halten.

Sonja, 38 Jahre

Vielleicht unterdrückst auch du hin und wieder bestimmte Seiten an dir, aus Furcht vor einem Blick oder einem Kommentar, der deine Scham auslöst. Je mehr chronische Scham du mit dir herumträgst, desto stärker reagierst du, wenn jemand anders dich missbilligend ansieht. Wir lassen viele gute Möglichkeiten, uns zu entfalten, ungenutzt, weil wir vor lauter Angst vor dem Urteil anderer nicht das tun, was wir uns am sehnlichsten wünschen.

Auf fachlicher Ebene habe ich großes Selbstvertrauen. Ich weiß, dass ich meinen Job beherrsche, und wenn ein technisches Problem gelöst werden muss, bin ich der richtige Mann dafür. Aber wenn wir zum Mittagessen in die Kantine gehen, verstumme ich. Nicht, weil ich keine Meinung zu dem jeweiligen Gesprächsthema hätte. Immer wenn ich gerade etwas sagen will, hält mich irgendetwas davon ab. Ich fürchte, dass meine Meinung peinlich ist und dass jeder das sehen kann – nur ich nicht.

Kasper, 44 Jahre

Es erfordert Mut, seine Meinung zu sagen. Man muss für sich selbst einstehen können, falls andere es nicht tun. Die Fähigkeit, uns selbst den Rücken zu stärken und uns zu bejahen – auch wenn alle anderen eine andere Meinung vertreten –, erlernen wir, wenn wir die Erfahrung machen, dass andere auf unserer Seite sind. Wenn deine Eltern nicht imstande waren, dich zu sehen und zu bestätigen, fehlt dir dafür der innere Rückhalt. Den musst du dir erarbeiten.

4.1 Ein schwieriges Gespräch

Ein Gespräch zu führen ist zunächst einmal eine simple Angelegenheit. Die eine Person sagt etwas, das die andere Person hört. Diese meldet zurück: „Wenn du das sagst, fühle ich …“ oder „Wenn es dir so geht, denke ich …“. Die erste Person reagiert wiederum auf die Rückmeldung der zweiten und gibt ihr eine Antwort darauf. Das ist nicht schwierig und der Austausch verläuft oftmals spielerisch, flüssig und unbeschwert.

Um ein tiefer gehendes, intimes Gespräch führen zu können, dürfen die Gesprächspartner keine Angst davor haben, sich selbst zu spüren. Wenn du ein Gespräch als schwierig empfindest, ist wahrscheinlich Scham im Spiel. Vermutlich gibt es etwas, dem du – oder dein Gesprächspartner – gern aus dem Weg gehen möchtest. Zumindest einer von euch beiden spürt, dass sein innerer Rückhalt Schwächen aufweist, und wenn ihr euch dem unsicheren Bereich nähert, kann es passieren, dass die Kommunikation mit einem Mal ins Stocken gerät und sich alles steif und falsch anfühlt.

Vielleicht schämst du dich für eine fehlende Kompetenz auf einem bestimmten Gebiet und versuchst, dieses Thema zu vermeiden. Oder du hast Gefühle für die andere Person, die du nicht zeigen willst.

> *Mir ist es sehr wichtig, was meine engste Kollegin über mich denkt. Wenn ich mich von ihr ignoriert fühle, habe ich gleich einen Kloß im Hals. Das ist mir unangenehm. Dann gehe ich kurz auf die Toilette, um mich wieder unter Kontrolle zu bekommen, sodass ich ihr mit einem Lächeln gegenübertreten kann.*
>
> Marie, 32 Jahre

Unten in Abbildung 4.1 siehst du zwei Personen symbolisiert, die beide etwas haben, wofür sie sich schämen. Sie wissen ungefähr, worum es sich dabei handelt, darum können sie das betreffende Thema umschiffen und sich entspannt und spontan ausdrücken.

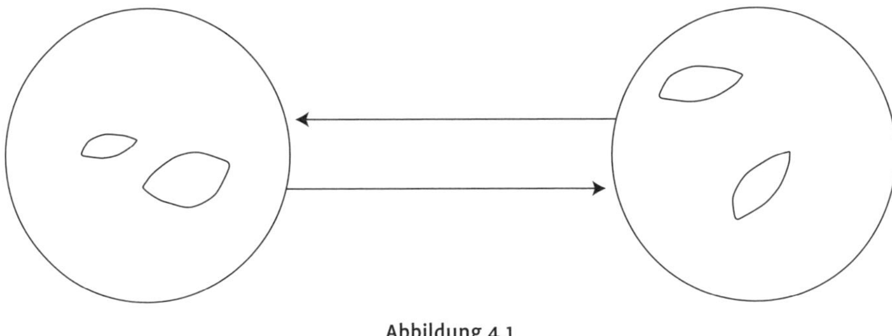

Abbildung 4.1

Falls du starke chronische Scham im Gepäck hast, wird dir das schwerer fallen. Scham verhindert, dass deine Gedanken und Gefühle ungehindert fließen können, sich ausdrücken lassen und gesehen werden.

4.2 Gemeinsam einsam?!

Alina ist in ihrem Selbstgefühl stark verunsichert. In ihrem Elternhaus ist sie kaum bestätigt worden, weshalb es häufig vorkommt, dass sie in Gegenwart anderer unversehens verlegen wird und sich verkehrt fühlt.

Einige der Dinge, für die sie sich schämt, sind ihr bewusst: wenn sie rot wird, wenn ihre Haare fettig sind oder wenn sie einen Fehler gemacht hat. Darüber hinaus hat ihr Selbstgefühl aber noch weitere Areale, die sie nicht einmal kennt. Sie hat nur hin und wieder den Eindruck, grundsätzlich verkehrt zu sein, und sie zweifelt daran, dass sie liebenswert ist. Darum meidet sie nicht nur Gesprächsthemen, bei denen sie erröten oder eine falsche Antwort geben könnte, sondern fürchtet sich auch vor dem Unbekannten in sich und vor dem Gefühl, „ins Nichts zu fallen" oder „sich aufzulösen" (vgl. Abschn. 3.1). Sie hat Angst vor Situationen, in denen sie nicht weiß, was sie sagen soll.

Wenn Alina kommuniziert, dann immer mit einer gewissen Anstrengung, wobei sie spontane Einfälle zurückhält, von denen sie fürchtet, dass sie falsch aufgenommen oder missverstanden werden könnten. Sie hat Angst, sie könnte den Boden unter den Füßen oder die Kontrolle über ihre Gesichtszüge verlieren.

Wenn sie alles, was sich falsch anfühlt, aus ihrem Bewusstsein verdrängen würde, wäre sie vielleicht sehr mitteilsam, aber ihrem Redeschwall würde die emotionale Tiefe fehlen und Alina würde ihre Zuhörer langweilen.

Sie ist jedoch ein sensibler Mensch und kann nicht gut verdrängen. Da sie außerdem starke chronische Scham mit sich herumträgt, wirkt sie nach außen angespannt und kontrolliert. Oft schweigt sie, weil sie nicht weiß, was sie sagen soll.

Im folgenden Modell (Abb. 4.2) ist ihre Kollegin Benedikte ihre Gesprächspartnerin:

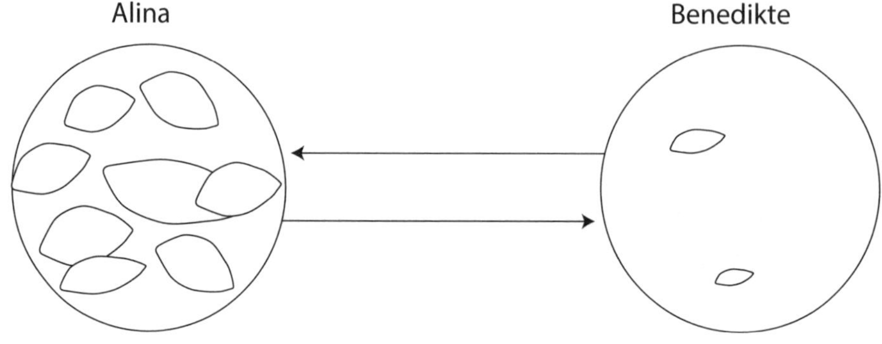

Abbildung 4.2

Benedikte ist der Ansicht, dass Alina mehr aus sich herausgehen sollte. Aber Alina hat viel zu viel Angst, den Bereich zu verlassen, für den sie inneren Rückhalt hat. Ein Überschreiten dieser Grenze würde nämlich ihre Scham auslösen.

Alina lebt ein einsames Leben. Wenn sie allein ist, kann sie sich gut entspannen, aber ihr fehlt die Gesellschaft anderer. Zusammen mit anderen strengt sie sich an und freut sich darauf, wieder alleine zu sein, da sie sich dann besser spüren und sich entspannen kann. Sie muss noch viel an sich arbeiten. Ihr Ziel ist die Mühe wert: Wenn sie einen Weg aus ihrer Scham heraus findet, wird sie erleben, dass ihre innere Freiheit wächst, sodass sie in Gegenwart anderer entspannt sie selbst sein kann.

ÜBUNGEN

Denk darüber nach, was dich daran hindert, frei zu sprechen.

Was sollen andere möglichst nicht über dich herausfinden?

Bist du schon einmal mitten in einem Gespräch erstarrt?

Gibt es Situationen, in denen du auf etwas, was dir guttun würde, verzichtest, weil du negative Reaktionen von anderen fürchtest?

Zusammenfassung von Kapitel 4

Scham hindert dich daran, dich frei auszudrücken

Die Furcht vor dem Urteil anderer kann uns davon abhalten, etwas zu tun, was wir im tiefsten Inneren wollen, und uns stattdessen dazu bringen, das zu tun, wovon wir glauben, andere hielten es für richtig.

Wenn wir in einem mutigen Moment aus uns herausgehen, riskieren wir, dass die Scham oder die Furcht vor der Scham uns dazu bringt, wieder einzuknicken und das Handtuch zu werfen.

Wenn eine Situation eine Seite in dir anspricht, die du noch nicht kennengelernt hast und für die dir die innere Unterstützung fehlt, kann es sein, dass du verkrampfst oder nervös wirst.

Scham stört den Flow eines Gesprächs und kann dazu führen, dass es einfriert wie ein Fluss, der blitzschnell zu Eis erstarrt.

5. Das falsche Selbst als Schutz vor Scham

Der englische Kinderarzt und Psychoanalytiker Donald Winnicott unterscheidet zwischen dem „wahren Selbst“ und dem „falschen Selbst“. Das wahre Selbst ist das, was zum Ausdruck kommt, wenn die Eltern das Kind in all seinen vielgestaltigen Ausdrücken sehen und spiegeln. Durch die Reaktion der Eltern lernt das Kind sein wahres Selbst kennen und entwickelt ein stabiles Selbstgefühl. Gelingt es den Eltern, das Kind in einer liebevollen Atmosphäre zu spiegeln, gewinnt es die Überzeugung, ein liebenswerter Mensch zu sein.

Sind die Eltern jedoch nicht in der Lage, sich auf die kindliche Wellenlänge einzustellen, erhält das Kind nicht ausreichend Unterstützung dabei, sich selbst zu entdecken. Es erlebt nicht die Spiegelung und den Zusammenklang, den es braucht, um ein stabiles Selbstgefühl zu entwickeln. Im schlimmsten Fall bleibt es völlig im Dunklen darüber, wer es ist.

Ein Kind, dessen Eltern eines seiner Bedürfnisse nicht erfüllen, wendet sich deshalb nicht von seinen Eltern ab, sondern von seinem Bedürfnis. In der Folge wird das Kind sich schämen, wenn es selbst oder andere sehen können, wie sehr es in seinem tiefsten Inneren nach Aufmerksamkeit oder Liebe hungert.

Ein Kind, dessen wahres Selbst nicht liebevoll angenommen wird, entwickelt ersatzweise ein falsches Selbst, das auf die Hilfestellung, die ihm seine Eltern vorenthalten, nicht angewiesen ist. Es strebt danach, emotional autark zu sein, und es entwickelt vielleicht sogar hervorragende Fähigkeiten darin oder auch auf einem anderen Gebiet – so, wie es glaubt, dass seine Eltern es sich wünschen.

Ich habe einmal versucht, jemand anders zu sein. Im Alter von 18 Jahren sah ich meine Identität und meinen Stolz darin, niemand anderen zu brauchen. Gleichzeitig blickte ich verächtlich auf Menschen herab, die sich von anderen abhängig machten, mit allem, was das an demütigenden Kompromissen mit sich bringt. Indem ich mich bemühte, ein bedürfnisloser Übermensch zu sein, breitete ich eine dicke Decke über all meine Scham und vermied damit die Gefahr, zurückgewiesen zu werden. Auf jemanden zuzugehen und abgewiesen zu werden hätte einen Sturm an Gefühlen in mir ausgelöst, für die mir jeder innere Rückhalt fehlte. In meiner Familie ließ man es sich nämlich nicht anmerken, wenn man traurig war. Hier trat das falsche Selbst in Aktion und schützte mich. Phasenweise ging es mir tatsächlich so gut, dass ich es schaffte, mir einzureden, dass ich tatsächlich – im Gegensatz zu allen anderen

Menschen – so stark war, dass ich auch ohne eine enge gefühlsmäßige Bindung zu einem anderen Menschen ausgezeichnet zurechtkam.

Vielleicht hast auch du eine Idealvorstellung davon, wie du gerne wärst – oder wie du glaubst, sein zu müssen, damit du geliebt wirst. Und womöglich ist diese Vorstellung zeitweise so lebendig, dass du überzeugt bist, du seist wirklich so.

Niemand von uns ist mit all seinen Facetten gesehen worden, darum haben wir alle unsere Bereiche, in denen ein falsches Selbst einspringt und die Rolle des wahren Selbst übernimmt. Je mehr wir von unseren Eltern gesehen wurden und gefühlsmäßig mit ihnen im Einklang waren, desto stärker ist unser wahres Selbst und desto besser können wir mit Nähe und Intimität umgehen.

Einige Menschen scheinen auch ohne engen Kontakt zu ihrem wahren Selbst gut durchs Leben zu kommen. Sicher kennst auch du so jemanden. Das können zum Beispiel besonders lebhafte und gesprächige Menschen sein, die auf den ersten Blick einen fröhlichen Eindruck machen. Aber ihre Fröhlichkeit ist nicht ansteckend und es ist nicht einfach, einen Augenkontakt zu ihnen herzustellen, in dem man eine emotionale Resonanz spürt.

5.1 Erfolgserlebnisse stärken das falsche Selbst

Wenn du von deinen Eltern nur sehr wenig mitbekommen hast, wird dein wahres Selbst von Verlassenheitsschmerz und Scham begleitet sein. Dein falsches Selbst hält sich für stark, unverwundbar und unabhängig. Und es wird darin durch Erfolgserlebnisse, die deine Scham und dein Gefühl der Verlassenheit vorübergehend dämpfen können, noch bestärkt.

> *Wenn ich ein Foto von mir und meiner Familie bei Facebook gepostet habe, auf dem wir in einem glücklichen Moment zu sehen sind, geht es mir gut. Vor lauter Likes und positiven Kommentaren darauf vergesse ich manchmal ganz, wie wenig liebenswert ich mich sonst oft fühle.*
>
> Camilla, 32 Jahre

Ich liebe es, von meinen Erfolgen zu erzählen. Dann fühle ich mich stark und attraktiv und bin davon überzeugt, dass andere niemals merken werden, dass ich mich oft für einen kompletten Versager halte.

Jens, 28 Jahre

Vielleicht kennst auch du Phasen oder Momente in deinem Leben, in denen du dich über all die Probleme erhaben fühlst, mit denen andere Menschen sich herumschlagen. Dann vergisst du die Dinge, die dich zu anderen Zeiten belasten.

Es kann verlockend sein, das Gefühl, dass etwas mit einem nicht stimmt, zu kompensieren, indem man Erfolgen hinterherläuft, die das Gefühl der Scham überdecken.

Es kommt mir so vor, als bräuchte ich das – tüchtig zu sein und möglichst besser als die, mit denen ich mich vergleiche. Wenn ein Vergleich zugunsten eines anderen ausfällt, geht es mir schlecht, darum versuche ich das zu vermeiden, indem ich mich zum Beispiel bei der Arbeit ein bisschen mehr ins Zeug lege als die anderen und ständig die Pausen durchmache.

Signe, 35 Jahre

Die Überzeugung, immer ein bisschen besser sein zu müssen als andere, führt schnell zu Stress. Einige Menschen schuften so hart, dass sie damit ihre Gesundheit gefährden. Damit nähren sie jedoch nur das falsche Selbst, das immer stärker wird, sich aber niemals zufriedengibt, weil es zu keiner echten Intimität fähig ist und sich darum immer weiter abrackern muss.

Vielleicht hast du dir auch schon einmal ein Ziel gesetzt oder dich auf ein Ereignis in der Zukunft gefreut und gedacht: Wenn ich das erreicht habe, fange ich an, mein Leben wirklich zu genießen. Wenn du das Ziel dann aber erreicht hast, empfindest du immer noch dieselbe Leere und ein Gefühl des Mangels, weshalb du rasch einen neuen Meilenstein in deiner Zukunft oder ein neues Ziel anvisierst.

Ich habe das Gefühl, dass ich pausenlos kämpfen muss. Dass es um Leben und Tod geht. Dass ich meine Ziele erreichen muss und es nie schnell genug geht. Wenn ich nicht weiterkomme oder ein paar Schritte zurück machen muss, bekomme ich Angst, ich könnte den Glauben daran verlieren, dass ich es schaffe, oder ich mache mir Sorgen, wie sich das auf meine Stimmung auswirken könnte.

Henrik, 38 Jahre

Henriks Stress rührt vermutlich daher, dass er das Gefühl hat, der Schmerz der Verlassenheit verfolge ihn wie eine heranrollende Flutwelle, und fürchtet, dass diese Welle ihn beim kleinsten Zögern einholen könnte. Er weiß nicht, dass er lernen muss, die Verlassenheitsgefühle, vor denen er früher einmal geflohen ist, auszuhalten, um zu sich selbst zu finden und sich seine Fähigkeit zu Verletzlichkeit, Offenheit und Nähe zurückzuerobern.

5.2 Das fantastische, unverwundbare, falsche Selbst

Eines Nachts, als ich in den Zwanzigern war, hatte ich einen Traum, an den ich mich noch heute erinnern kann. Ich träumte, ich befände mich in einem prächtigen Schloss. Als ich nach oben schaute, sah ich viele Gewölbebogen, die alle mit wunderschönen Goldornamenten verziert waren. Das Spiel des Lichts auf dem Gold stimmte mich froh und übermütig. Dann sah ich nach unten und meine Begeisterung verflog. Ich stand barfuß im Sand. Das Schloss stand auf Pfählen und ganz unten war ein Spalt, durch den der Wind über den Sand und über meine Füße strich. Das Schloss hatte kein Fundament.

Ich wusste, dass man, wenn man von Gebäuden träumt, oft von seinem Selbst träumt, und dieser Traum beunruhigte mich. Seit ich klein war, hatte ich mich immer bemüht, mir auszumalen, was andere Menschen an mir mochten, um ihnen dann genau das zu geben. Wenn ich mit jemandem gern befreundet sein wollte, redete ich ihm nach dem Mund und lobte ihn und schmeichelte ihm nach allen Regeln der Kunst. Ich konnte gar nicht begreifen, warum es mir so selten gelang, neue Freunde zu finden.

Rückblickend erkenne ich, dass mir genau wie in meinem Traum das Fundament fehlte. Ich hatte kein Gespür dafür, wer ich war und was ich wollte, sodass ich dem hätte Ausdruck geben können, anstatt meinen Kopf nur dazu zu benutzen, mir auszurechnen, was ich tun musste, damit andere mich mochten. Solange ich meine Gefühle nicht in den Austausch mit anderen einbrachte, konnte kein emotionaler Zusammenklang entstehen.

Wenn anstelle des wahren Selbst, das mit all unseren Bedürfnissen in Kontakt ist, ein falsches Selbst das Ruder übernimmt, fühlen wir uns zwar stark, aber es fällt uns schwer, mit anderen gefühlsmäßig auf die gleiche Wellenlänge zu kommen.

5.3 Sich für die Sehnsucht nach Liebe schämen

Wir alle werden mit der Fähigkeit geboren, Bindungen einzugehen. Von Natur aus sind wir dafür gemacht, Kontakt zu suchen. So, wie die Vögel wissen, wie man ein Nest baut, weiß auch das Neugeborene, wie es mit einem anderen Menschen in liebevolle Verbindung treten kann. Wenn es jedoch im Umfeld des Babys niemanden gibt, der eine liebevolle Beziehung zu ihm aufzubauen vermag, in der das Kind sich gesehen und angenommen fühlen kann, bindet sich seine Sehnsucht nach Liebe an das Gefühl der Scham.

Hast du keinen inneren Rückhalt für dein Liebebedürfnis, wirst du liebevolle Augen fürchten. Wenn dich ein warmer und empathischer Blick trifft, schlägst du blitzschnell die Augen nieder oder siehst weg. Ein fürsorglicher Blick ist nämlich eine deutliche Einladung an dein wahres Selbst, das sich regen will. Damit erwacht jedoch auch der Verlassenheitsschmerz, dessentwegen du dein wahres Selbst verdrängt hast. Vielleicht merkst du lediglich, dass du verunsichert bist oder dir gegenüber der Person mit den liebevollen Augen unbehaglich zumute wird, und bleibst deswegen auf Distanz.

Ich liebe es, für andere die Ressourcenperson zu sein, und bin ganz euphorisch, wenn ich merke, dass sich jemand über das freut, was ich für ihn tue. Ich selbst brauche nichts von anderen – dachte ich, bis ich eines Tages eines Besseren belehrt wurde.

Ich hatte einen neuen Chef bekommen. Von Zeit zu Zeit warf er mir einen fürsorglichen Blick zu. Das fühlte sich ganz seltsam an, als ob etwas in mir passierte, das ich nicht unter Kontrolle hatte. Ich wich seinem Blick aus und hielt mich so gut es ging von ihm fern. Doch sogar wenn ich zu Hause war, erschien sein fürsorglicher Blick vor meinem inneren Auge und erweckte etwas in mir zum Leben, das sich bedrohlich anfühlte. Als ich entdeckte, dass ein Teil von mir am liebsten die Arme nach ihm ausstrecken wollte, war ich vor Scham wie gelähmt.

Das bevorstehende Mitarbeitergespräch fürchtete ich wie den Weltuntergang. Als ich dann meinem Chef gegenübersaß, überschüttete ich ihn sofort mit einem wohlvorbereiteten Wortschwall über die Sorgen, die ich mir wegen eines Bewohners unserer Einrichtung machte. „Einen Augenblick“, sagte er und sah mich an. Während dieser Sekunden tobte ein Kampf in mir. Dann stellte er die schlimmste Frage, die er mir stellen konnte: „Wie geht es DIR?“ Darauf geschah das, wovor ich mich am meisten gefürchtet hatte: Während ich ihm versicherte, dass es mir gut gehe, verzerrte sich mein Gesicht, meine Augen füllten sich mit Tränen und ich wollte vor

Scham im Erdboden versinken. „Es ist in Ordnung, wenn es dir schlecht geht", sagte er. „Wein du ruhig. Das geht uns allen hin und wieder so."

An den Rest des Gesprächs kann ich mich kaum noch erinnern. Aber hinterher kam eine neue Ruhe über mich. Es fühlte sich bei Weitem nicht mehr so beängstigend an, meinem Chef in die Augen zu sehen. Das Schlimmste hatte er ja bereits gesehen, und keiner von uns hatte dabei Schaden genommen. Hinterher wunderte ich mich, dass es mir derart beschämend und bedrohlich vorgekommen war. Es klang ja völlig einleuchtend, als er sagte, dass es in Ordnung sei, wenn es mir schlecht gehe, und dass jeder einmal weinen müsse. Es war für mich nur einfach bis dahin streng verboten gewesen.

Rikke, 39 Jahre

Rikke hielt sich für gefühlsmäßig autark und glaubte, niemand anderen zu brauchen. Doch der fürsorgliche Blick ihres Chefs sprach ihr wahres Selbst an und machte sie verlegen und unsicher. Sie erlebt einen inneren Konflikt, der sie psychisch aus dem Gleichgewicht bringt. Die eine Partei in diesem Konflikt ist ihr wahres Selbst. Es sehnt sich danach, mit den empathischen Augen des Chefs wahrgenommen zu werden und sich in ihrem Glanz zu sonnen, um sich so seiner Existenz zu versichern. Auf der anderen Seite beschützt das falsche Selbst sie vor dem Verlassenheitsgefühl, das sie verdrängen musste, um zu überleben. Um nicht spüren zu müssen, wie allein sie auf der Welt war, hatte sie sich selbst verlassen und war eine andere geworden, die in ihrer Herkunftsfamilie, wo die Liebe ein Schattendasein führte, besser überleben konnte.

Irgendwo tief drinnen spürte Rikke die Einladung, die in diesem fürsorglichen Blick lag, war aber vor Angst wie gelähmt und versuchte, sich wegzuducken. Es war ihr Glück, dass die Umstände es erforderlich machten, dass sie ihrem Chef in die Augen sah. Und auch, dass der Chef ihr für die Seiten, für die sie sich schämte, Wohlwollen und Akzeptanz vermitteln konnte, sodass sie diese Seiten annehmen und wachsen konnte.

5.4 Das falsche Selbst erträgt keine Intimität

Ein Mensch, der uns nahekommt, appelliert an all unsere echten Bedürfnisse, von denen unser falsches Selbst nichts wissen will.

> *Als ich noch jünger war, verliebte ich mich konsequent nur in kühle Männer, die kaum Interesse an mir hatten. In meiner Fantasie waren wir das perfekte Paar – ich musste sie nur noch davon überzeugen. Das hat aber nie geklappt.*
>
> *Als ich einen warmherzigen Mann kennenlernte, der echtes Interesse an mir hatte, ging es mir damit gar nicht gut. Irgendetwas daran stresste mich total und ich sah bald nur noch die Seiten an ihm, die mich geradezu abstießen. Entweder er sagte etwas, das ich dumm fand, oder irgendetwas an seinem Äußeren ließ mich ganz kalt werden.*
>
> Irene, 42 Jahre

Irene war mit einer emotional distanzierten Mutter aufgewachsen, die kaum mit ihren eigenen Gefühlen zurechtkam, sodass ihr die Energie fehlte, ihrem Kind auf Augenhöhe zu begegnen. Irene entwickelte ein falsches Selbst, das keinen innigen gefühlsmäßigen Austausch mit anderen brauchte, sondern darauf fokussiert war, hart zu arbeiten und sich seine Erfolge zu erkämpfen.

Als ein warmherziger und liebevoller Mann mit ihr intim sein wollte, sprach er das Echteste in ihr an, nämlich ihr wahres Selbst mit all seinen Bedürfnissen:

> *Als ich nach vielen Jahren mit unzähligen misslungenen Dates und kurzen Beziehungen einen liebevollen Mann traf, versuchte ich mich dazu zu zwingen, nicht wegzulaufen. Aber es ging mir wieder einmal schlecht, sowohl unmittelbar bevor als auch nachdem wir zusammen gewesen waren. Wenn es mir einmal gelang, mich hinzugeben und mit ihm intim zu sein, wachte ich hinterher mitten in der Nacht auf und mir war eiskalt und ich fühlte mich, als triebe ich in Verlassenheitsgefühlen.*
>
> Irene, 42 Jahre

Irene glaubte zuerst, dass mit der Beziehung etwas nicht stimme. „Warum sollte ich mit einem Mann zusammen sein, bei dem es mir nicht gut geht?“, fragte sie sich. In Wahrheit war es jedoch so, dass der liebevolle Mann an ihr wahres Selbst appellierte, das mit dem Gefühl der Verlassenheit verknüpft war.

„Dass sich uns ein anderer Mensch mit tiefen, echten, liebevollen Gefühlen nähert, kann den übelsten Schmutz in uns aufwühlen“, sagte mein früherer Lehrer, der Psychologe und Leiter des Instituts für Gestaltanalyse Niels Hoffmeyer. Es mag verlockend erscheinen, sich von dem liebevollen Partner zu trennen. Das ist allerdings eine traurige Lösung, denn der wirkliche Ausweg besteht darin, sein wahres Selbst mit all seinen unterschiedlichen Erfahrungen einschließlich der Verlassenheitsgefühle annehmen zu können. Nur so können wir zu ganzen Menschen werden.

5.5 Wut und Verachtung als Schutzschild gegen Intimität

Wenn man Intimität als Bedrohung wahrnimmt, sind Wut oder Abscheu geeignete Mittel, um nicht nur andere Menschen, sondern auch das eigene Liebesbedürfnis auf Distanz zu halten. Genau das macht auch ein verletztes Kind, das wütend davonläuft und ruft: „Ich komme nie mehr wieder“, während es sich im tiefsten Inneren nur danach sehnt, zurückgeholt und gesehen zu werden.

Kjelds Eltern waren nicht imstande, seine Signale zu verstehen oder ihn überhaupt als den zu sehen, der er war. Er ging darum – im übertragenen Sinne – seinen eigenen Weg und verschloss sich in sich selbst, ohne dass jemand versuchte, ihn zu finden oder zu ihm durchzudringen. Schließlich verlor auch er selbst den Kontakt zu dem Menschen, der er im tiefsten Inneren war.

Manchmal sieht meine Frau mich mit einem besonders liebevollen Blick an, der mich einlädt, ihre Nähe zu suchen. Ich weiß nicht, warum mir diese Situation so unangenehm ist. Zu Anfang dachte ich, dass sie vielleicht irgendwelche Hintergedanken hätte oder nicht ehrlich sei, und dass mir deswegen unbehaglich zumute war. Aber mittlerweile kenne ich sie so gut, dass ich weiß, dass sie nicht nur ehrlich ist, sondern auch mein Bestes will.

Trotzdem habe ich bei diesem Blick ein ungutes Gefühl. Ich fühle mich schwach, und dann erinnere ich sie an irgendeinen Fehler, den sie begangen hat, und bausche ihn auf, sodass ich zum Beispiel einen vergessenen Einkauf hochspiele und als Beweis dafür anführe, dass sie mich ständig vergisst und immer nur an sich denkt. Hinterher verstehe ich manchmal selbst nicht, warum ich so fies war. Es überkommt mich einfach.

Kjeld, 55 Jahre

Hinter einem auf den ersten Blick unverständlichen Verhalten kann unter Umständen Scham stecken. Kjeld weiß nicht, warum er seine Frau so angeht: weil er nämlich fürchtet, sie könnte sein Liebesbedürfnis mit all den schmerzhaften Verlassenheitsgefühlen wecken, die sich im Laufe der Zeit an dieses Bedürfnis geknüpft haben. Wenn sie seine wahre Bedürftigkeit sähe, würde er sich zutiefst schämen.

Die Wut und der Widerwille, die in ihm aufsteigen, wenn sie ihm zu nahekommt, bewahren ihn davor. Sie stellen nämlich eine Distanz sowohl zu ihr als auch zu seinen eigenen tieferen Gefühlen her, sodass sein Unbehagen in eine innere Ruhe übergehen kann. Dass er sich diesen inneren Frieden zu einem hohen Preis erkauft, ist ihm nicht bewusst. Er weiß nichts von seinem Wunsch, sie von sich fernzuhalten, weil er mit seiner Scham wegen seines Liebeshungers nicht umgehen und keine echte Intimität empfangen kann. Echte Intimität setzt nämlich voraus, dass beide Partner sich selbst zu spüren wagen.

5.6 Im Märchenland

Das Märchen „Das hässliche Entlein" von Hans Christian Andersen handelt von einem Schwanenjungen, das in einem Entengehege aufwächst, wo es gemobbt wird, weil es anders aussieht als die anderen. Das Märchen endet damit, dass das graue Küken nach vielen Prüfungen zu einem schönen, weißen Schwan heranwächst, der anderen Schwänen begegnet, die ihn akzeptieren.

Wenn dein Leben unbefriedigend ist, kann es verlockend sein, sich mit dem hässlichen Entlein zu identifizieren. Dann betrachtest du die Menschen in deiner Umgebung mit Verachtung, als seien sie Enten, die dich eigentlich gar nicht verdient haben, und womöglich empfindest du deine Freunde insgeheim als Lückenbüßer. Dabei mühst du dich ab, um fantastisch oder perfekt zu sein, damit die anderen Schwäne dich beachten und dich endlich aus deinem demütigenden Leben erretten, in dem du immer wieder Kompromisse eingehen musst und kühl behandelt oder übergangen wirst. Dabei handelt es sich um einen mehr oder weniger bewussten Traum davon, eines Tages einen dauerhaft glücklichen Zustand ohne alle Widrigkeiten zu erreichen.

Der Preis dafür, in diesem Traum zu leben, ist allerdings viel zu hoch. Möglicherweise hat auch Andersen diesen Preis bezahlt. Soweit bekannt ist, ist er niemals eine intime Beziehung eingegangen. Intimität setzt nämlich voraus, dass du riskierst, gewöhnlich, verletzbar und liebesbedürftig zu sein. Und dass du all deine Gefühle zulässt – auch die Verlassenheitsgefühle, vor denen du früher einmal weggelaufen bist.

Wenn es dir nicht gut geht und du darum Niederlagen nur schlecht verkraftest, ist es verführerisch, in eine Fantasiewelt zu flüchten. Der Traum von einer wundervollen Zukunft kann ein Trostspender sein, der dir unablässig zuflüstert: „Halte durch, halte durch, ganz bald wird es besser.“

Durchhalten ist oftmals gleichbedeutend damit, sich die eigenen Gefühle vom Leib zu halten. Es gibt viele Situationen, in denen die Fähigkeit, Distanz zu deinem aufgewühlten Inneren herzustellen, Gold wert ist: wenn du dich auf deine Arbeit konzentrieren möchtest, während du in Scheidung lebst oder wenn du deinen Mut zusammennehmen und etwas hinter dich bringen musst, was dir Angst macht. Dieses Durchhalten sollte allerdings nach Möglichkeit nicht zu einem Dauerzustand werden, in dem du von einer fernen Zukunft ohne Unannehmlichkeiten träumst: sobald du eine bessere Wohnung gefunden, dein Examen bestanden oder die passende Arbeitsstelle gefunden hast. Denn ein Leben ohne Unannehmlichkeiten gibt es nicht. Wenn du jedoch den Mut aufbringst, deine verbannten Gefühle wieder zuzulassen, kannst du wachsen und bist besser dafür gerüstet, mit Unannehmlichkeiten umzugehen.

> *Es war so, als müsste ich einen Fluss aus Schmerz durchqueren, um dem Mann, der mich liebt, auf der anderen Seite begegnen zu können.*
>
> Irene, 42 Jahre

Nur wenn wir es wagen, ganz gewöhnliche Menschen zu sein, die andere Menschen brauchen und die auch einmal Niederlagen erleiden, können wir tiefe, warme Beziehungen eingehen. Wer ein Supermensch sein will, bleibt allein.

5.7 Vom Gipfel der Perfektion hinabsteigen und bei sich selbst ankommen

Diese Traumwelt zu verlassen bedeutet, den Gipfel der eigenen hohen Standards zu verlassen. Wenn du dich von der Idee verabschiedest, perfekt oder fantastisch zu sein, mag dir das wie ein Abstieg vorkommen. Es ist nicht angenehm, sich eingestehen zu müssen, dass man die Ursachen für das eigene Unglück in den Menschen gesucht hat, die einem am nächsten stehen. Dass man sich auf ihre Fehler fokussiert und sich fortgeträumt hat. Und dass die eigentliche Ursache der Leere, die man gefühlt hat, darin liegt, dass man noch nicht den Mut gefunden hat, mit all seinen Gefühlen ganz im Jetzt präsent zu sein. Sich von der Idee zu verabschieden, man sei etwas Besonderes, und stattdessen seine eigene Gewöhnlichkeit zu akzeptieren, erscheint einem zunächst einmal wie ein Verlust – und ich spreche aus Erfahrung. Man lässt eine strahlende, wunderbare Fantasievorstellung von einem Leben ohne Niederlagen und größere Misserfolge hinter sich und begibt sich hinab zu den Freuden des Lebens im Hier und Jetzt, die nicht so imposant aussehen, aber unsere einzige Möglichkeit sind, Glück zu erfahren.

Wenn auch du von deinem Gipfel hinabsteigen und einigen Wahrheiten über dich ins Auge sehen musst, vergiss dabei nicht, dich selbst zu lieben. Du warst sicher nur in unglückliche Muster verstrickt, an die du dich in einer unmöglichen Situation geklammert hast. Diese Strategie hat vermutlich früher einmal dein psychisches Gleichgewicht bewahrt. Vielleicht wünschst du dir, du hättest diese Muster schon viel früher ablegen können. Aber wenn du die Trauer über deine Vergangenheit erst einmal hinter dir gelassen hast, wirst du erkennen, dass deine Möglichkeiten, Liebesbegegnungen mit anderen zu erleben, immer noch unbegrenzt sind, egal, welches Alter du mittlerweile erreicht hast. Und dass das, was dir zuerst wie ein Abstieg vorkam, in Wahrheit eine Steigerung an Bewusstsein ist.

ÜBUNGEN

Versuch dich zu erinnern, ob du schon einmal vor einem Paar liebevoller Augen geflohen bist.

Kannst du es zulassen, dein Bedürfnis nach Liebe zu spüren und auszudrücken, oder ist es dir manchmal ein wenig peinlich, dass du emotional nicht autark bist?

Zusammenfassung von Kapitel 5

Das falsche Selbst als Schutz vor Scham

Um unsere Scham zu lindern, müssen wir das Risiko eingehen, uns selbst gleichsam zu entblößen. Wir müssen den Mut finden, zu unseren Bedürfnissen, unserer Unsicherheit, unserem Zorn und allem, was sonst noch in uns ist, zu stehen. Das Problem ist nur, dass Bloßstellung genau das ist, was wir am meisten fürchten, wenn wir uns schämen. Darum stehen wir uns auf unserem Weg, der uns durch die Scham hindurch zu einer größeren Freiheit führen könnte, gern selbst im Weg.

Wenn wir versuchen, besser zu sein als andere, wollen wir damit oftmals das Gefühl betäuben, verkehrt zu sein. Doch erst wenn wir den Mut finden, so gewöhnlich und verletzlich zu sein, wie wir es in Wahrheit sind, und uns einem liebevollen Blick auszusetzen, können wir uns von unserer Scham befreien.

Teil II

„Heilmittel“

Wie bei den meisten anderen psychischen Leiden auch ist das Universalheilmittel, um deine Scham zu überwinden und mangelndes Selbst(wert)gefühl zu heilen, die Liebe. Fühlst du dich gesehen und geliebt, machst du die himmlische Erfahrung, zu existieren und völlig in Ordnung zu sein, so wie du bist. Wenn dieses Buch nicht an dieser Stelle endet, dann, weil liebevolle Augen nichts sind, was einem einfach so zur Verfügung steht. Könntest du jederzeit in ein Paar liebevoller Augen blicken und ihre heilende Kraft erfahren, hättest du das bestimmt schon längst getan.

Das Problem liegt darin, dass du – wenn du unter Schamgefühlen leidest – andere Menschen nicht an dich heranlässt und dich am liebsten verstecken möchtest – und zwar ganz besonders vor den liebevollen Augen, die du so dringend nötig hättest. Es ist ja nicht so, dass es die Liebe nicht gäbe, sondern dass wir alles tun, um uns davor zu schützen, in unserer Scham oder unserer Verletzlichkeit gesehen und entblößt zu werden. Viele Menschen trauen sich ihr ganzes Leben lang nicht, ihr wahres Selbst zu zeigen – ja, sie kennen es vielleicht nicht einmal.

Den Teufelskreis durchbrechen

Deine Scham bringt dich dazu, dich zu verstecken, und darum kann dich niemand mit liebevollen Augen ansehen. Du läufst Gefahr, zu vereinsamen, und das kann deine Scham sogar noch verstärken. Vielleicht schämst du dich auch dafür, dass du dich schämst. Dann steckst du in einer festgefahrenen und scheinbar ausweglosen Situation.

Die Übungen im zweiten Teil dieses Buches können dir helfen, diese Situation aufzubrechen. Sie unterstützten dich dabei, deine Selbstliebe und deinen Mut zu stärken oder dich aus Mustern zu befreien, die deine Scham am Leben erhalten. Zunächst einmal helfen sie dir vielleicht auch einfach nur dabei, hier und dort ein wenig Licht ins Dunkel zu bringen, sodass du dich besser orientieren und deinen Weg finden kannst.

6. Lerne dich selbst besser kennen

Wir alle haben kleine oder größere Defizite in unserem Selbstgefühl, denn niemand hat für jede einzelne Seite seiner Persönlichkeit eine sensitive und authentische Spiegelung erfahren. Indem du daran arbeitest, dich selbst besser kennenzulernen, kannst du im Laufe der Zeit einige der nichtgespiegelten Stellen in deinem Selbst-Bewusstsein füllen. Es ist nie zu spät, um dir selbst das Interesse entgegenzubringen und die Spiegelung zu ermöglichen, die dir in der Kindheit gefehlt haben.

Je weniger du darüber weißt, wie du auf andere wirkst, desto leichter wirst du ein Opfer von unerquicklichen Fantasiebildern. Je mehr du darüber weißt, desto besser findest du dich zurecht und desto sicherer fühlst du dich im Kontakt mit anderen.

Fürchtest du, verkehrt oder peinlich zu sein, machst du dir unaufhörlich Gedanken darüber, wie andere dich sehen, und versuchst dir auszumalen, was sie über dich denken. Du kannst dir viele Grübeleien ersparen, indem du sie direkt danach fragst.

Manchem hilft es, zu sagen: „Ich muss eine Aufgabe lösen. Würdest du mir dabei helfen?“, und weiter zu fragen: „Wie erlebst du mich?“

Vielleicht machst du die Erfahrung, dass die Menschen dir daraufhin nur Positives zurückmelden. Sie glauben womöglich, dass du Lob hören möchtest. Sag ihnen, dass du dir eine ehrliche Antwort wünschst. Gegebenenfalls kannst du noch ergänzen: „Wo siehst du meine Schwachstellen?“ Kann der andere spontan nicht viel dazu sagen, kannst du ihn bitten, darüber nachzudenken und später noch einmal auf das Thema zurückzukommen.

Um dich selbst zu schützen, könntest du ausschließlich Menschen fragen, von denen du weißt, dass sie dich mögen. Willst du aber wirklich die ganze Wahrheit hören, solltest du deinen Mut zusammennehmen und auch diejenigen ansprechen, von denen du vermutest, dass sie dich nicht besonders gut leiden können. Sie können dir vielleicht sogar zu einem klareren und umfassenderen Bild davon verhelfen, wer du bist. Außerdem haben sie weniger Skrupel, dir ihre Meinung zu sagen, als Freunde.

Ich habe einmal einer Gruppe von Kursteilnehmern die folgende Aufgabe gestellt: Fragt drei Personen, wie sie euch sehen, und teilt das Ergebnis dann dem Kurs mit. An eine Frau kann ich mich noch besonders gut erinnern. Als sie errötend und mit Tränen in den Augen von etwas Positivem berichtete, das sie über sich selbst herausgefunden hatte, wirkte sie geradezu ansteckend lebendig. Für die meisten der Teilnehmer war diese Übung eine wichtige Erfahrung, die ihr Bild davon, wie andere sie sahen, nachhaltig erweiterte.

6.1 Mit Feedback umgehen

Die Antwort deines Gegenübers solltest du nicht einfach für bare Münze nehmen. Wir alle haben unsere Filter, durch die wir die Welt wahrnehmen. Darum sehen auch zwei Menschen, die in die gleiche Richtung schauen, niemals dasselbe. Das meiste, was andere dir erzählen, sagt darum mehr über sie und ihre Sicht auf andere aus als über dich. Aber manches an ihrem Feedback wird dir bekannt vorkommen, Positives wie Negatives. Einiges wird dich vielleicht überraschen, während anderes dir bestätigt, was du bereits wusstest. Je mehr Personen du fragst, desto nuancierter wird das Bild, das du erhältst.

Wenn irgendetwas in dem Feedback Schamgefühle in dir auslöst, weißt du, dass du dich einem der Defizite in deinem Selbstgefühl näherst.

Mir selbst war es früher oft unbehaglich zumute, wenn jemand das Wort „klein“ in Verbindung mit meiner Person gebrauchte. In meinem Kopf hörte ich dann Aussagen wie „zu klein, um mitzumachen“ oder die Worte meiner Mutter: „Du solltest lieber lernen, in hochhackigen Schuhen zu gehen.“

Ich musste hart an mir arbeiten, um mich selbst als klein und schmächtig akzeptieren und mögen zu können. Als ich erst einmal den Mut gefunden hatte, darüber zu sprechen, wurde es rasch besser. Ich betrachtete meinen wunden Punkt durch die liebevollen Augen anderer Menschen. So lernte ich allmählich, das Positive am Kleinsein zu sehen, und erkannte, dass es keine Rolle dafür spielt, ob andere mich mögen oder nicht.

Eventuell bekommst auch du ein Feedback, das dich belastet. Vielleicht betrifft es etwas, für das du niemals Anerkennung und Rückhalt erfahren hast. Doch allein schon dein neues Wissen um diesen Mangel eröffnet dir neue Möglichkeiten, ihn zu beheben. Jetzt weißt du nämlich, dass du an diesem Punkt Fürsorglichkeit nötig hast.

Unter Umständen kann die Person, die dir das Feedback gegeben hat, sogar mit dir über deinen wunden Punkt sprechen und ihn mit liebevollen Augen betrachten. Oder du vertraust dich jemand anderem an, bei dem du dich sicherer fühlst. Versuch aber nicht, alles mit dir allein auszumachen. Wenn du nämlich eine Anleitung möchtest, wie du deine Scham noch steigern kannst, dann lautet sie: „Versteck dich und hüll dich in Schweigen."

6.2 Filme dich selbst

Heutzutage stehen uns hervorragende Möglichkeiten zu Verfügung, uns selbst per Video zu beobachten. Besorg dir ein Stativ für dein Smartphone, sodass du dich mit ein wenig Abstand filmen kannst. Dir selbst dabei zuzusehen, wie du mit anderen interagierst, ist eine bereichernde Erfahrung. Wenn es dir zu unangenehm ist, dich beim Familiengeburtstag zu filmen, kannst du dich stattdessen dabei aufnehmen, wie du telefonierst. Hinterher hast du die einmalige Gelegenheit, dich selbst im Video zu studieren.

Wenn es dir gelingt, einen Freund oder eine Freundin mit ins Boot zu holen, könnt ihr euch zusammen filmen. Am besten lasst ihr die Aufnahme so lange laufen, bis ihr nicht mehr daran denkt, dass ihr gefilmt werdet, und ganz unbefangen miteinander umgeht. Hinterher könnt ihr über die beiden Personen in dem Video sprechen und gemeinsam die richtigen Worte finden, um sie zu beschreiben.

- Wie wirken sie auf euch?
- Kommunizieren sie unbefangen oder zurückhaltend?
- Machen sie einen fröhlichen, zornigen, traurigen oder ängstlichen Eindruck?
- Halten sie abwechselnden Blickkontakt, oder versucht der eine, seine Augen abzuwenden, während der andere ihnen gern begegnen würde?
- Wie nutzen die beiden ihre Körpersprache?
- Worüber sprechen sie und wer bestimmt die Themen?
- Sieht es so aus, als seien beide mit der Situation zufrieden?

Dies sind nur ein paar Vorschläge für Aspekte, auf die ihr achten könntet. Vielleicht möchtest du auch gar nicht so sehr ins Detail gehen, sondern ihr schaut euch den Film lieber kommentarlos zusammen an.

Zu mir kam einmal ein junger Mann in die Therapie, der befürchtete, er wirke seltsam auf andere. Er hatte gerade eine neue Stelle als Projektleiter angetreten und war nervös, wenn er vor den Mitarbeitern seiner Abteilung sprechen sollte. Ich fragte ihn, was er glaube, wie er dabei auf die anderen wirke. Er stellte sich vor, alle könnten sehen, dass er rot wurde und seine Hände zitterten, und er fürchtete, dass er völlig irre aussehe. Wir vereinbarten, dass er das nächste Mal vor mir und einer Kamera sprechen sollte.

Als wir uns hinterher das Video ansahen, war er positiv überrascht. Man konnte weder sein Zittern noch sein Erröten sehen. Er fand allerdings, dass der Mann im Video einen nervösen Eindruck machte. Mir fiel vor allem auf, dass er viel lächelte und freundlich und engagiert wirkte. Später erzählte er mir, dass das Video ihm sehr geholfen habe. Statt sich einen errötenden und zitternden Vorgesetzten vorzustellen, der auf andere wie irre wirkte, sah er jetzt bei seinen Vorträgen einen lächelnden jungen Mann vor seinem inneren Auge.

Sei nicht zu kritisch mit dir, wenn du dir dein Video anschaust. Versuch dich selbst liebevoll zu betrachten, so, als ob die Person in dem Video dein Kind oder ein guter Freund wäre. Oder sieh dir das Video zusammen mit einem Freund oder einer Freundin an, sodass ihr gemeinsam die richtigen Worte für das Gesehene finden könnt.

6.3 Erlebe dich selbst von innen

Die Fähigkeit, sich selbst zu erleben und zu spüren, kann man trainieren. Richte deine Aufmerksamkeit behutsam und liebevoll nach innen. Wie geht es deinem Körper? Was spürst du in deinem Herzen? Was wünschst du dir in diesem Augenblick am meisten? Am besten, du stellst dir diese Fragen vor einem Spiegel. Der erste Wunsch, der dir einfällt, kratzt vermutlich nur an der Oberfläche. Um herauszufinden, was sich darunter verbirgt, könntest du dich fragen: „Und was ist daran jetzt so toll?“ Angenommen, das Erste, woran du denkst, ist Kuchen. Was ist so toll daran, Kuchen zu essen? Das könnten die innere Ruhe und die Freude sein, die du dabei empfindest. Vielleicht kannst du diese Gefühle auch auf andere Weise hervorrufen?

Wenn das, was du dir im tiefsten Inneren wünschst, im Rahmen deiner Möglichkeiten liegt und keine negativen Folgen hat, solltest du dir so viel Selbstachtung entgegenbringen, dich darum zu bemühen. Fühlst du dich einsam und wünschst dir deinen Ex-Partner zurück, dann kämpfe um ihn oder sie. Oder du erstellst ein Profil auf einer Datingseite und suchst dir einen neuen Liebespartner. Lässt sich dein innigster Wunsch nicht verwirklichen – wenn du dich zum Beispiel nach einem verstorbenen Menschen sehnst oder zehn Jahre jünger sein möchtest –, dann erlaube dir, darüber traurig zu sein. Manchmal muss man tief in die Trauer eintauchen, bevor sie wieder der Freude Platz macht.

6.4 Nimm Kontakt zu einer noch tiefer liegenden Ebene in dir auf

Du kannst deine Widerstandskraft gegen die Scham auch stärken, indem du mit dir selbst auf einer noch tiefer liegenden Ebene in Kontakt trittst. Diese Ebene liegt jenseits deiner Rollen und des Bildes, das du dir von dir selbst machst. Auf dieser Ebene bist du weder klug noch dumm noch hübsch oder hässlich, sondern einfach nur ein lebendiges Wesen, das das Leben atmet.

Nimm dir Zeit, um in der Stille mit dir allein zu sein. Schenk der Person Aufmerksamkeit, die du jenseits all der Gedanken bist, die dich gerade in Anspruch nehmen. Der Person hinter all deinen Aufgaben, Titeln und Fassaden. Dem, der du schon immer warst und der in all deinen Lebensphasen aus deinen Augen geblickt hat. Dem, der unveränderlich ist und ganz in sich ruht.

Stell dir ein Meer vor, auf der Oberfläche schäumende Wellen und Gischt, doch unten auf dem Grund herrscht Ruhe. Sogar bei Sturm. Die bewegte Wasseroberfläche sind deine Gedanken. Wenn du dich zu sehr mit ihnen identifizierst, erscheint deine Identität unbeständig, weil die Lebensspanne von Gedanken oft nur recht kurz ist.

Wenn in meinem Leben die Wogen hochgehen und ich mich über irgendetwas aufrege, kann ich mich beruhigen, indem ich mir vorstelle, dass ich mir die bewegte Wasseroberfläche aus der Tiefe heraus betrachte. Die tieferen Schichten des Meeres sind nämlich Wind und Wetter nicht so ausgeliefert. Oder ich stelle mir vor, wie ich über ein Ereignis, das mich in diesem Moment bewegt, denken werde, wenn ich in drei Jahren darauf zurückblicke.

Je besser du mit dem Teil von dir in Kontakt kommst, der das große Ganze im Blick hat, desto besser kannst du mit dem Auf und Ab umgehen, das das Leben für dich bereithält. Und je mehr du deine Identität auf eine tiefere Schicht gründest, desto weniger trifft es dich, was andere in einem bestimmten Moment in dir sehen oder über dich sagen.

Unterschiedliche Traditionen haben für dieses tiefere Selbst unterschiedliche Bezeichnungen geprägt: zum Beispiel das beobachtende Selbst oder der innere Beobachter oder der Wesenskern.

6.5 Mach eine Psychotherapie oder nimm an einem Selbsterfahrungskurs teil

Manche Menschen machen eine Psychotherapie nur deswegen, weil sie mehr über sich selbst erfahren möchten. Die Neutralität und Schweigepflicht der Therapeutin können dir Mut machen, Dinge von dir zu erzählen, die du noch nie jemandem anvertraut hast.

Mit 18 hatte ich nicht die leiseste Ahnung, wer ich war. Meine Eltern hatten selbst viel zu viele Probleme, als dass sie sich für mein Gefühlsleben hätten interessieren können und dafür, wer ich im Innersten wirklich war. Das wusste niemand – nicht einmal ich selbst. Ich habe in den Folgejahren viel Energie darauf verwendet zu verhindern, dass andere etwas Schlechtes an mir entdeckten, und ich war am Rand einer Depression. Wenn ich nicht bemerkt hätte, dass auch meine Kinder unter meinen Problemen zu leiden hatten, hätte ich mir wohl nie eine Psychotherapie geleistet.

Vor dem ersten Termin habe ich die ganze Nacht nicht geschlafen. Ich hatte Angst, dass die Therapeutin sagen würde: „Für solche Problemchen habe ich keine Zeit."

Aber sie bemerkte gleich meine Unsicherheit und meine Einsamkeit und erklärte mir, dass es gut sei, dass ich zu ihr gekommen war. Allmählich fand ich den Mut, immer mehr von mir zu erzählen. Dabei hörte ich mich oft von Wünschen und Einstellungen sprechen, von deren Existenz ich nicht einmal gewusst hatte. Es war so, als ob sie erst in dem Augenblick aufkamen, in dem sie auch gesehen wurden.

Allmählich begann ich die Person, die ich in den Augen der Therapeutin war, zu mögen. Und als ich anfing, auch außerhalb der Therapiestunden mehr von mir selbst zu zeigen, bemerkte ich, dass andere mich ebenfalls gut leiden konnten.

Im Laufe der Jahre machte ich mehrere Therapien. Heute kann mich nichts mehr so leicht aus der Bahn werfen. Ich habe gelernt zu sagen „Und wenn schon!". War ich in der Stadt unterwegs und hatte Spinat zwischen den Zähnen? Und wenn schon. Habe ich eine dumme Frage gestellt? Na und? Als ich noch jünger war, wollte ich in solchen Situationen manchmal am liebsten im Boden versinken, aber mittlerweile schreckt mich das nicht mehr – dank guter Therapeuten, die mich liebevoll gespiegelt und mir dabei geholfen haben zu erkennen, dass ich alles in allem okay bin.

Malene, 42 Jahre

Eine Psychotherapie kann dein Selbstverständnis erweitern und die Defizite, die dich verunsichern, beheben. Die gleiche Funktion können auch Selbsterfahrungskurse erfüllen. In diesen Kursen wird häufig eine Schweigepflicht vereinbart, die einen sicheren Raum schafft, in dem die Teilnehmer sowohl bekannte als auch neue Verhaltens- und Ausdrucksweisen innerhalb einer Gruppe ausprobieren können. Weil du für den Kurs bezahlt hast, brauchst du außerdem nicht zu fürchten, ausgeschlossen zu werden. Und hinterher kann es dir im Prinzip egal sein, welchen Eindruck die anderen in der Gruppe von dir haben.

ÜBUNGEN

Frag mindestens drei Personen: „Wie erlebst du mich?“

Film dich beim Zusammensein mit anderen Menschen und schau dir dann das Video genau an. Dabei erfährst du viel darüber, wie du nach außen wirkst.

Setz dich vor einen Spiegel. Sieh dir in die Augen und frag dich neugierig: „Wie geht es mir?“ oder „Was wünsche ich mir in diesem Moment?“. Mach diese Übung mindestens einmal täglich.

Zusammenfassung von Kapitel 6

Lerne dich selbst besser kennen

Je besser du dich kennst, desto stärker bist du in Situationen, die Scham hervorrufen können. Bist du davon überzeugt, dass du grundsätzlich in Ordnung bist, wirst du in Situationen, die bei dir Scham auslösen könnten – wenn dich zum Beispiel jemand überrascht, während du nicht vollständig angezogen bist, wenn dein Haus schmutzig ist oder du in einem Wettbewerb den letzten Platz belegst –, rasch wieder festen Boden unter den Füßen haben.

Du lernst dich selbst besser kennen, indem du andere bittest, dich zu spiegeln, indem du dich filmst oder indem du dir selbst achtsam begegnest.

7. Geh deiner Scham auf den Grund

Wenn du weißt, in welchen Situationen oder für welche deiner Eigenschaften du dich schämst, kannst du auch herausfinden, an welchen Stellen dein Selbstgefühl schwach ist.

In einem Moment, in dem Schamgefühle dich überfluten, bist du vielleicht wie erstarrt und kannst nichts weiter tun, als dich zu verstecken oder so schnell es geht aus der Situation zu fliehen. Doch mit etwas Abstand zu dem Erlebnis eröffnen sich dir mehrere Möglichkeiten.

Als Erstes wirst du wahrscheinlich versuchen wollen, etwas an der Situation zu ändern, die deine Scham hervorgerufen hat. Schämst du dich, weil du arbeitslos bist, könntest du zum Beispiel deine Stellensuche optimieren. Schämst du dich, weil du beim Zusammenstellen einer Fußballmannschaft immer erst ganz zum Schluss gewählt wirst, könntest du härter trainieren, um dich zu verbessern. Schämst du dich wegen deines schmutzigen Autos, kannst du es waschen. An einer Situation etwas zu ändern bedeutet oft eine Erleichterung und kann durchaus eine gute Strategie sein. Wenn du allerdings zu übertriebenen Schamgefühlen neigst, solltest du damit rechnen, dass deine Scham sich daraufhin an einen anderen Umstand in deinem Leben anheftet. Hast du es geschafft, die fünf Kilo loszuwerden, für die du dich geschämt hast, dann richtet sich deine Aufmerksamkeit vielleicht schon kurz darauf auf eine Falte in deinem Gesicht, die dir auf einmal unangenehm ins Auge springt, oder auf einen Fingernagel, den du nicht ganz sauber bekommst.

Darüber hinaus ist der Preis dafür, bestimmte Situationen zu meiden, manchmal auch schlicht zu hoch. Angenommen, du schämst dich, wenn jemand dich besiegt, dann hängst du vielleicht einen Wettkampfsport an den Nagel, der dir eigentlich guttut. Schämst du dich, wenn du nervös bist, ergreifst du vielleicht vor unbekannten Menschen nicht das Wort, obwohl du etwas Wichtiges auf dem Herzen hast. Und wenn du dich schämst, weil du single bist, kommst du vielleicht mit einem Mann zusammen, mit dem du dich nicht wohlfühlst, nur um der Scham zu entgehen, allein zu sein. Wenn du jedoch daran arbeitest, dich selbst besser wahrzunehmen und zu verstehen, gewinnst du an Widerstandskraft gegen die Scham. Und schließlich kannst du ja auch mehrere Felder gleichzeitig beackern.

7.1 Die Arbeit mit deinen Schamerlebnissen stärkt dein Selbstgefühl

Wenn du Erfahrungen gemacht hast, die du am liebsten aus deinem Bewusstsein verbannen möchtest, weil sie dir peinlich sind oder du dich schämst, bist du ganz besonders empfänglich für weitere, ähnliche Erfahrungen. Wurdest du beispielsweise auf dem Schulhof von den anderen Kindern wie Luft behandelt und hast danach diese Erfahrung nicht verarbeitet, fällt es dir später in Situationen, in denen man dich ignoriert, besonders schwer, dir selbst den Rücken zu stärken.

Haben andere häufig in feindseligem oder herablassendem Ton mit dir gesprochen, als du klein warst, ohne dass diese Verletzung geheilt wurde, merkst du es vielleicht nicht einmal, wenn dir heute etwas Ähnliches widerfährt.

Ich ging in einen Kurs, um programmieren zu lernen. Er war als Anfängerkurs angekündigt, aber dann stellte sich heraus, dass das Niveau höher war. Der Dozent benutzte viele Wörter, die ich nicht verstand. Ich habe viele Fragen gestellt. Nach einiger Zeit begann der Dozent, meine Fragen zu ignorieren. Hin und wieder sah er mich mit resigniertem Gesichtsausdruck an, seufzte und antwortete mir genervt. Als ich wieder zu Hause war, ging es mir so schlecht, dass ich die ganze Nacht nicht schlafen konnte.

Emma, 33 Jahre

Hätte Emma nicht zu einem früheren Zeitpunkt schmerzhafte Erfahrungen damit gemacht, herablassend behandelt zu werden, wäre ihr sofort aufgefallen, dass hier etwas falsch lief. Dass der Ton, den der Dozent ihr gegenüber anschlug, nicht in Ordnung war. Aber da ihre früheren Erfahrungen damit unbearbeitet geblieben waren, merkte sie gar nicht, dass ein anderer sie unangemessen behandelte, und zweifelte stattdessen an sich selbst.

Wäre sie von ihrem eigenen Wert überzeugt gewesen, hätte sie reagiert, als der Dozent sie anfuhr. Sie hätte ihn darauf angesprochen, dass es erlaubt sein müsse, in einem Anfängerkurs Fragen zu stellen, und dass sie gerne eine Antwort hätte, die sie auch verstehen könne. Oder sie hätte den Raum verlassen, weil sie ohnehin nicht vom Unterricht profitieren konnte. Aber da ihre vergleichbaren Erfahrungen von früher wieder hochkamen, war sie wie vor den Kopf geschlagen und erkannte erst am folgenden Tag, dass nicht sie diejenige war, die etwas falsch gemacht hatte.

Wenn du unbearbeitete Schamerlebnisse mit dir herumträgst, bist du leicht zu erschüttern, weshalb dich Situationen, die derjenigen ähneln, die deine Scham erstmals ausgelöst haben, gern mal aus der Bahn werfen. Dann lässt du es womöglich erneut zu, dass du dich verkehrt fühlst, statt „nein" oder „stopp" zu sagen und dich zu schützen.

Wenn es dir gelingt, deine Schamerfahrungen zu bearbeiten, sodass du erkennst, dass der Fehler nicht bei dir liegt, wird dein Selbstgefühl gestärkt. Mit einem stärkeren Glauben an dich und einem besseren Kontakt zu dir selbst fällt es dir leichter, das Verkehrte als etwas zu erkennen, das außerhalb von dir geschieht, sodass du darauf reagieren oder dich davor schützen kannst.

7.2 Scham zeigt sich in Beziehungen

Wie bereits beschrieben, entsteht Scham aus verfehlten Begegnungen. Was innerhalb einer Beziehung schiefgegangen ist, muss auch innerhalb einer Beziehung wieder repariert werden. Dabei braucht es sich gar nicht einmal um dieselbe Beziehung zu handeln. Auch eine neue Beziehung kann einen angemessenen Raum für eine korrigierende Erfahrung bilden. Vielleicht kennst du jemanden, der dich mit liebevollen Augen sieht. Jemand, dem du deine Scham zeigen und mit dem du die Erfahrung machen kannst, dass sie geheilt wird, indem du dich in seinem Blick spiegelst und seine Antwort empfängst. Auf diese Weise können die verfehlten Begegnungen eines ganzen Lebens in einer einzigen Begegnung, in der du eine liebevolle Resonanz spürst und dich bis in dein Innerstes gesehen fühlst, neutralisiert werden.

> *Früher habe ich nie mein Hemd ausgezogen, weil ich mich für meinen Bauch geschämt habe. Ich wiege zehn Kilo zu viel. Darum habe ich oft geschwitzt, und dafür habe ich mich ebenfalls geschämt. Einmal im Sommer auf einer Gartenparty, als es 25 Grad warm war und ich schon ein paar Bier getrunken hatte, nahm ich meinen Mut zusammen und zog mein Hemd aus. Einen Moment lang wurde ich von Scham überwältigt und starrte auf meine Füße. Als ich hörte, dass die Unterhaltung um mich herum einfach weiterging, wurde ich ruhiger, hob den Blick und sah mich um. Niemand schien Notiz von mir zu nehmen und allmählich begann ich, die Sonne und den Wind auf meinem Bauch zu genießen.*
>
> Kasper, 48 Jahre

Jahrelang hatte Kasper geschwitzt und Angst gehabt, dass man ihm wegen seines Übergewichts mit Ablehnung begegnen könnte. Als er endlich seinen Mut zusammennimmt und seine Befürchtung überprüft, macht er die Erfahrung, dass er weder gemobbt noch ausgegrenzt wird. Er hat sich eine neue Freiheit erobert.

Viele Jahre lang habe ich mich immer, wenn ich müde war, von anderen Menschen zurückgezogen. Das fühlte sich für mich wie das einzig Richtige und Natürliche an. Darum habe ich es einfach so gemacht, ohne groß darüber nachzudenken. Wenn ich ausnahmsweise einmal nicht die Gelegenheit hatte, mich abzusondern, und es nicht vermeiden konnte, mit anderen zusammen zu sein, obwohl mir eigentlich die Energie dafür fehlte, brach meine Scham durch. Ich hatte das Gefühl, nichts zu geben zu haben, und ich fühlte mich nackt und verkehrt. In so einer Situation wollte ich nur noch weg und allein sein, damit ich meine Kräfte sammeln und wieder ein fröhliches Gesicht aufsetzen konnte.

Als ich meinen jetzigen Freund kennenlernte, wunderte er sich darüber, dass ich nicht einfach in seiner Gegenwart müde sein konnte. „Das macht doch nichts, wenn du nicht richtig zuhörst oder Unsinn redest“, sagte er freundlich. Auf unserer ersten Hotelreise brach ich eines Abends vor Müdigkeit in Tränen aus. Als ich merkte, dass ihn das nicht abschreckte, sondern uns einander näherbrachte, begann ich mich zu entspannen. Später entdeckte ich, dass es für mich nicht nur angenehm ist, sondern mir auch Kraft gibt, mit einem anderen Menschen zusammen zu sein, wenn mir die Energie fehlt, um mich so zu kontrollieren, wie ich das normalerweise tue. Und dass er mich mindestens genauso gern mag, wenn ich müde bin, wie wenn ich energiegeladen und effektiv bin.

Dorthe, 52 Jahre

Manche Situationen haben wir so oft gemieden, dass wir es schon ganz automatisch tun und uns vielleicht nicht einmal bewusst ist, warum wir das Bedürfnis haben, uns zurückzuziehen.

Sara spürt ihre Scham schon beim bloßen Gedanken daran, jemand könne ein Geschenk von ihr zurückweisen:

Meinem Sohn war sein Fahrrad zu klein geworden, aber die Räder waren immer noch in gutem Zustand. Ich erinnerte mich daran, wie ich selbst als Kind aus Fahrradrädern ein Gokart gebaut hatte. Auf dem Spielplatz vor unserem Wohnblock hatte ich ein paar Jungs gesehen, die das passende Alter zu haben schienen, um aus einem alten Fahrrad noch etwas zu machen. Als ich runtergehen und ihnen das Fahrrad anbieten wollte, blieb ich plötzlich wie erstarrt stehen. Schlaglichtartig sah ich vor mir, dass sie kein Interesse daran hatten und mich auslachten. Mir wurde eiskalt und für einen Moment kamen mir mein Selbstverständnis und das Gefühl, in mir zu ruhen, völlig abhanden. Es war, als würde der Boden unter mir schwanken. Das war so unangenehm, dass ich die Idee aufgab, den Jungen das Fahrrad zu überlassen.

Sara, 38 Jahre

Sara hat sich oft zurückgenommen, wenn sie das Bedürfnis hatte, jemandem etwas zu schenken. Meist fielen ihr dann gleich mehrere gute Gründe ein, warum sie das besser bleiben lassen sollte: Es könnte missverstanden werden. Der andere legte sicher keinen Wert auf das Geschenk und wäre beleidigt und verlegen.

Um sich von ihrer Scham zu heilen, sollte sie damit aufhören, sich immer zurückzuhalten, und stattdessen schenken, was und wie viel sie möchte. Dann wird sie die Erfahrung machen, dass sich die meisten Menschen über ihre Großzügigkeit freuen. Dank dieser neuen positiven Erfahrungen wird sie sich nicht mehr so schnell verkehrt fühlen, selbst wenn es einmal vorkommen sollte, dass sich jemand nicht über ihr Geschenk freut.

Sie könnte ihren Wunsch, jemandem etwas zu schenken, auch mit einem anderen Menschen teilen.

Als ich einmal mit meinem Freund im Restaurant war, bekam ich Lust, ihn einzuladen. Aber ich wusste, dass es mich verletzen würde, wenn er mich zurückwies. Statt also darauf zu bestehen, erzählte ich ihm von meinem Bedürfnis: „Heute würde ich gern einmal bezahlen. Ich weiß, dass du dein Geld zusammenhalten musst, und ich habe Lust, dir eine Freude zu machen.“ Ich kam mir ziemlich albern vor, als ich das sagte, und ich merkte, dass ich mich sehr verletzbar gemacht hatte. Das sah er wohl, denn er reagierte glücklicherweise ganz lieb: „Soso, das möchtest du also“, sagte er und sah mich mit seinen schönen, strahlenden, warmen Augen an. Da war es auf einmal nicht mehr so wichtig, ob er mein Geschenk annahm.

Sara, 38 Jahre

Hier ist es die liebevolle Reaktion auf ihr Bedürfnis, zu geben – den Kern ihrer Scham –, die ihr vermittelt, dass dieses Bedürfnis völlig in Ordnung ist. Und ihre Widerstandskraft gegen das Gefühl, dass mit ihr etwas nicht stimmen kann, wenn sie Lust hat, jemandem etwas zu schenken, wächst, sodass sie sich in Zukunft im Bewusstsein ihrer guten Absichten liebevoll selbst bejahen kann – auch wenn ihr Geschenk einmal nicht angenommen werden sollte.

Gerda erfuhr als Kind keine Spiegelung, wenn sie traurig war. Im Gegenteil, ihre Eltern reagierten abweisend auf Gerdas Gefühl und sagten ihr, sie solle sich nicht so anstellen. Dadurch fiel es ihr später im Leben sehr schwer, sich selbst zu lieben, wenn sie traurig war. Wenn man – so wie Gerda – mit seinen eigenen Gefühlen nicht zurande kommt, fühlt man sich auch in einer engen Beziehung nicht wohl.

Bevor ich meine Therapie begann, fiel es mir schwer, jemandem über längere Zeit nah zu sein. Ich wurde schnell müde und hatte dann das Bedürfnis, mich zurückzuziehen. Wenn ich einmal meine Grenze nicht zog, weil ich fürchtete, jemanden zu verlieren, war ich völlig erschöpft und fing schon bei der kleinsten Schwierigkeit zu weinen an. Ich gab mir große Mühe, meine Tränen zu verbergen, und wurde schrecklich unsicher und hatte Angst, verlassen zu werden. Am liebsten hätte ich mich einfach weggeschlichen, um allein zu sein und damit keiner meine Traurigkeit bemerkte.

Aufgrund einer Depression begann ich eine Therapie. Der Therapeutin gegenüber konnte ich mich mehr und mehr öffnen – und meine Tränen zeigen. Es war zwar angenehm, die Fürsorge der Therapeutin zu spüren, aber gleichzeitig tat es auch weh. Ich merkte, wie es hätte sein sollen, als ich als Kind unglücklich war. Ganz unterschiedliche Gefühle kamen in mir hoch. Zum einen war da die Wut auf meine Eltern, deren Verhalten mir wehgetan und in mir das Gefühl hinterlassen hatte, verkehrt zu sein. Zum anderen war da Trauer darüber, erkennen zu müssen, wie wenig ich von zu Hause mitbekommen hatte.

Nach einigen Jahren begann ich, mich selbst neu zu entdecken, und erkannte, dass hinter meinem Bedürfnis, allein zu sein, wenn ich traurig war, das tiefere und viel lebendigere Bedürfnis stand, die Wärme eines anderen Menschen zu spüren.

Gerda, 57 Jahre

Vielleicht fragst du dich, warum Gerda eine mehrere Jahre dauernde Therapie brauchte. Aber es kann beängstigend sein zu erkennen, dass die eigenen Eltern nicht so kompetent waren, wie man als Kind geglaubt hat. Und es kann eine Weile dauern, bis man in der Lage ist, die Trauer über die eigene dürftige Vergangenheit zuzulassen. Viele Gefühle kommen hoch und benötigen Zeit, um sich zu einer neuen Selbsterkenntnis zu fügen.

Wenn ein ausgehungerter Hund ins Tierheim gebracht wird, denkst du sicher, er brauche jetzt besonders viel Futter. Aber das macht sein Verdauungssystem nicht mit. Für den Anfang darf er jeweils immer nur einen Teelöffel voll Futter haben. So ähnlich ergeht es einem Menschen, der ausgehungert nach Liebe ist. Man könnte glauben, er brauche eine große Dosis davon. Aber damit kann er nicht umgehen. Er muss zunächst mit kleinen Portionen anfangen. Das ist einer der Gründe dafür, dass eine Therapie langwierig sein kann und dass Liebesbeziehungen gerade für diejenigen schwierig sein können, die sie am nötigsten haben.

Es gab eine Zeit, in der es mir so schlecht ging, dass ich nicht imstande war, mich über das Liebesglück eines anderen Kursteilnehmers zu freuen. Das mitanzusehen tat einfach zu weh. Meine eigene Sehnsucht nach einer solchen Liebe war zu schmerzhaft, und ich hatte den Glauben daran verloren, dass mir irgendwann einmal dasselbe widerfahren könnte. Ich nahm meinen Mut zusammen und erzählte unserem Gruppenleiter, dem Pastor und Psychotherapeuten Bent Falk, davon. Er schlug vor, ich solle folgende Formulierung verwenden: „Ich freue mich für dich, aber ich spüre auch einen schmerzhaften Stich. Ich wünschte, ich wäre an deiner Stelle." „Das könnte ich tun", antwortete ich mit klopfendem Herzen, den Blick auf den Boden gerichtet. „Aber es wäre gelogen. Ich spüre *nur* den Schmerz." „Du Ärmste", sagte er und sah mich liebevoll an. „Geht es dir wirklich *so* schlecht?" Ich lauschte seinen Worten und spiegelte mich in seinem liebevollen Blick. Dann begann ich die Gefühle, für die ich mich eben noch selbst gehasst hatte, zu akzeptieren.

7.3 Überlege dir gut, wen du ins Vertrauen ziehst

Schamerlebnisse heilt man, indem man sie mit anderen teilt. Dazu braucht es liebevolle Augen. Du musst erleben, dass ein anderer es aushält, deinen Schmerz wahrzunehmen, ohne dich zu verurteilen oder dich allein zu lassen. Wenn du von deiner Scham erzählst und dein Gegenüber wendet seinen Blick ab oder macht eine kritische Bemerkung, läufst du Gefahr, dich danach noch mehr zu schämen als vorher.

Darum ist es nicht gleichgültig, wem du dich anvertraust. Ich konnte meinem langjährigen Lehrer Bent Falk von meinem Neid erzählen, weil ich die Erfahrung gemacht hatte, dass ich ihm vertrauen konnte. Außerdem kann es manchmal von Vorteil sein, mit einem Profi zu sprechen. Hätte ich stattdessen zum Beispiel mit meiner Mutter gesprochen, hätte meine Scham sie vermutlich angesteckt und sie wäre wegen ihrer Tochter, die nicht in der Lage war, sich für jemand anderen zu freuen, peinlich berührt gewesen. Wahrscheinlich hätte sie gesagt: „Das musst du aber überwinden" oder „Könntest du das nicht üben?". Woraufhin ich mich noch schlechter gefühlt hätte.

Manchmal ist es besser, deinen nächsten Angehörigen nichts von deinen Schamgefühlen zu sagen. Sie könnten nämlich von deiner Scham angesteckt werden, sodass sie wie gelähmt sind oder eine dumme Bemerkung machen. Vielleicht schämt sich dann deine Schwester dafür, dass sie eine Schwester hat, die …

Andere Menschen ertragen es womöglich nicht, deine Schamerlebnisse anzuhören, weil sie selbst sich wegen etwas Ähnlichem schämen und es sich für sie unangenehm anfühlt, wenn ihre eigene Scham hochkommt.

Auch der Zeitpunkt ist wichtig. Ist der andere gestresst oder mit seinen Gedanken woanders, besteht die Gefahr, dass er nicht einfühlsam reagiert, nur weil er nicht ganz anwesend ist.

Wenn du dir nicht sicher bist, ob jemand, den du kennst, dich in einem besonders verletzlichen Moment liebevoll auffangen kann, ist es vielleicht besser, dein Geheimnis einem Psychotherapeuten oder einer Psychologin anzuvertrauen, von denen du zumindest eine professionelle Rückmeldung erhältst, und die dir helfen, ein Sicherheitsnetz zwischen deine Scham und deine Sehnsüchte und Bedürfnisse zu spannen.

Es kann den Heilungsprozess unterstützen, diese Erfahrung mit mehreren Menschen zu teilen, aber oftmals reicht es schon aus, sie einer einzelnen Person anzuvertrauen.

7.4 Wenn du Angst hast, fang mit kleinen Schritten an

Schamgefühle können so schmerzhaft sein, dass es einem schlichtweg unmöglich vorkommt, sie jemals auszusprechen. Hier folgen einige Vorschläge, wie du deinen Mut nach und nach stärken kannst.

1. Schildere die Situation in einem Brief an eine verstorbene Großmutter oder eine andere, dir nahestehende verstorbene Person, der du vollkommen vertraust.
2. Erzähl jemandem davon, bei dem du nicht fürchtest, ihn zu verlieren. Das kann eine Psychotherapeutin, ein Arzt, eine entfernte Bekannte oder eine Online-Beratung sein, an die du dich anonym wenden kannst.
3. Schreib einer wichtigen Person in deinem Leben davon – schick den Brief aber nicht ab.
4. Deute es einer nahestehenden Person gegenüber an, zum Beispiel deinem Partner oder deiner Partnerin. Du könntest beispielsweise zunächst das Geschehen in die ferne Vergangenheit verlegen und sagen: „Damals ist dies und jenes passiert." Auf diese Weise schaffst du einen Abstand zu dem Erlebnis, der deine Angst dämpft.
5. Sieht dein Zuhörer dich freundlich an, während du sprichst, findest du vielleicht den Mut, deine Zeitangabe nachträglich zu korrigieren: „Genau genommen ist das Erlebnis noch gar nicht so lange her."

Es kann hilfreich sein, mit etwas Einfachem anzufangen und dann schrittweise vorzugehen. Vielleicht findest du schnell Gefallen an der Befreiung, die du spürst, wenn du ein schambehaftetes Geheimnis offenbarst, sodass du Lust bekommst, weitere Schritte in deinem Kampf gegen Scham und Selbstunterdrückung zu unternehmen. Dabei brauchst du nicht all meinen Vorschlägen zu folgen und auch nicht in der hier gewählten Reihenfolge. Fang mit der Aufgabe an, die dir am einfachsten erscheint. Am unkompliziertesten ist es vielleicht, dir nur eine einzige Übung auszusuchen – damit hast du den ersten Schritt getan und der Rest kommt dann manchmal ganz wie von selbst.

Hier folgen einige Beispiele dafür, wie die Schritt-für-Schritt-Methode funktioniert:

7.5 Scham nach einem verbalen Angriff

Vor einigen Jahren hat mich ein Vorgesetzter vor den Augen meiner Kollegen heruntergeputzt. Ich war so schockiert, dass ich kein Wort herausbrachte. Der Schweiß brach mir aus und ich spürte, wie der Keks in meinem Mund aufquoll, während ich mich vollständig gelähmt fühlte.

Danach war ich wachsam und zog mich zunehmend in mich selbst zurück. Ich erzählte niemandem von dem Erlebnis, obwohl ich wusste, dass es hilfreich wäre, darüber zu sprechen. Es war mir einfach zu peinlich und ich konnte mich nicht dazu überwinden.

Als ich auf die Schritt-für-Schritt-Methode stieß, beschloss ich, das Risiko einzugehen. Ich begann damit, einer verstorbenen Tante, die immer freundlich zu mir gewesen war, in einem Brief von dem Erlebnis zu erzählen. Während ich schrieb, spürte ich, wie sich meine Kehle zuschnürte.

Danach beschloss ich, anonym bei der Telefonseelsorge anzurufen. Ich trank eine halbe Flasche Rotwein, bis ich meinen Mut zusammengenommen und mich weit genug beruhigt hatte, um die Nummer zu wählen. Am anderen Ende saß ein junger Mann. Er hörte mir zu, ohne viel zu sagen. Er kritisierte mich nicht für das Versäumnis, das der Grund für den verbalen Angriff gewesen war. Es schien vielmehr, als hätte er Mitgefühl mit mir.

Für mich war es eine große Erleichterung, es ausgesprochen zu haben. Jetzt wurde ich mutiger. Ich beschloss, meinem Freund davon zu erzählen, obwohl ich fürchtete, dass er kein Verständnis für mich haben würde. Ich wählte einen Moment, in dem wir allein und entspannt waren. Wir hatten uns auf das Sofa gesetzt und wollten gerade den Fernseher einschalten, als ich ihn bat, noch kurz damit zu warten. Glücklicherweise begriff er sofort, dass es um etwas Wichtiges ging, und wandte sich mir zu. Zuerst fiel es mir schwer, die Worte herauszubringen. Ich fing an, verstummte wieder und begann am anderen Ende. Er nahm meine Hand. Danach ging es besser und meine Tränen begannen zu fließen. Er nahm mich in den Arm und dann erzählte ich ihm schluchzend den Rest. „Das war einfach nicht okay", sagte er und fuhr fort: „Dein Vorgesetzter sollte sich schämen. Ich habe auch schon oft etwas vergessen. Jeder macht einmal einen Fehler."

Ich merkte, wie sich ein Knoten in meiner Brust löste. In den darauffolgenden Tagen war ich besser gelaunt und fröhlicher als seit Langem. Es war, als wäre meine Leichtigkeit und Lebensfreude im Exil gewesen und jetzt wieder zurückgekehrt.

Karen, 29 Jahre

7.6 Sich für mangelnde Energie schämen

Ich bin sehr dankbar dafür, in meinem Job Teil eines Teams zu sein. Es fühlt sich so gut an, dazuzugehören. Aber ich bin nicht so robust wie die anderen und es braucht nicht viel, um mich aus der Bahn zu werfen. Wenn wir hin und wieder nach der Arbeit noch zusammen etwas unternehmen, ist das für mich eine Riesenherausforderung, Nach einem Arbeitstag bin ich nämlich müde und überstimuliert und brauche Ruhe. Aber ich möchte dabei sein. Ich will Teil der Gemeinschaft sein, also gehe ich mit, bin aber immer die Erste, die sich verabschiedet.

Anfangs war mir mein früher Rückzug unangenehm. Am liebsten hätte ich mich davongeschlichen, ohne dass jemand es bemerkte. Wenn ich beschloss, nach Hause zu gehen, war ich nämlich schon so erschöpft, dass mir fast die Tränen kamen. Und ich war traurig, weil ich nicht so belastbar war wie die anderen. Ich wusste, falls einer meiner Kollegen mich in diesem Moment zum Abschied umarmte, hätte ich meine Gesichtszüge nicht mehr unter Kontrolle. Und das wäre mir noch peinlicher gewesen. Aber es war mir auch unangenehm, dass ich mich ohne Abschied davonstahl.

Als ich von der Schritt-für-Schritt-Methode hörte, fand ich den Mut, das Problem anzugehen. Zuerst schrieb ich meinen Kollegen einen Brief und erzählte ihnen, wie unangenehm mir die Situation war. Ich hatte nicht vor, den Brief abzuschicken, aber es tat gut, das aufzuschreiben und mich von dem Druck zu befreien. Ich ließ den Brief ein paar Tage liegen und las ihn mir dann noch einmal durch – und fand alles plötzlich gar nicht mehr so schlimm. Schließlich hatte ich weder etwas Kriminelles getan noch mich danebenbenommen.

Ich beschloss, mit meinen Kollegen darüber zu sprechen. Es vergingen einige Wochen, ehe ich eines Tages den geeigneten Moment fand und mich stark genug fühlte. Der Plan war, mein Problem ganz nüchtern zu schildern. Doch schon nach den ersten Worten traten mir die Tränen in die Augen und meine Stimme wurde dünn. Vielleicht machte mich das sogar noch glaubwürdiger. Die Kollegen waren sehr verständnisvoll. Ihnen war schon aufgefallen, dass ich hin und wieder erschöpft aussehe, und sie fanden es gut, dass wir nun darüber sprechen konnten. Wir vereinbarten, dass ich nach Hause gehen kann, ohne mich zu verabschieden, wenn mein Akku leer ist. Jetzt kennen sie den Grund dafür. Und die netteste Kollegin gab mir zu verstehen, dass sie mich sehr gern zum Abschied umarmen würde – und dass es völlig okay ist, wenn ich weine. Sie kann gut nachempfinden, dass es mich traurig macht, wenn ich vor den anderen nach Hause gehen muss. Das war eine riesige Erleichterung.

Brigitte, 32 Jahre

Wenn ein anderer uns mit unserer Scham sieht und annimmt, verliert sie ihre Macht über uns.

Es ist nie zu spät für eine neue, korrigierende Erfahrung. Wenn du die Eigenschaft, für die du dich schämst, offenbarst, während du in gutem Kontakt mit jemandem bist, der dich wirklich sieht, machst du eine wichtige neue Erfahrung. Fühlst du dich in diesem Moment von dem anderen erkannt, wird diese Erfahrung die Lücken in deinem Selbstverständnis schließen, sodass etwas Neues entstehen kann.

ÜBUNGEN

Schreib eine Liste mit Dingen oder Personen, für die du dich schämst, und zeichne die einzelnen Punkte in ein Modell von dir selbst ein. Bei Bedarf kannst du zu Kapitel 3 zurückblättern und dir das Modell der Defizite im Selbstgefühl noch einmal ansehen. Die Liste deiner Schamerlebnisse muss nicht vollständig sein. Suche dir einfach ein paar Beispiele zum Ausprobieren aus.

Hier siehst du Minnas Modell:

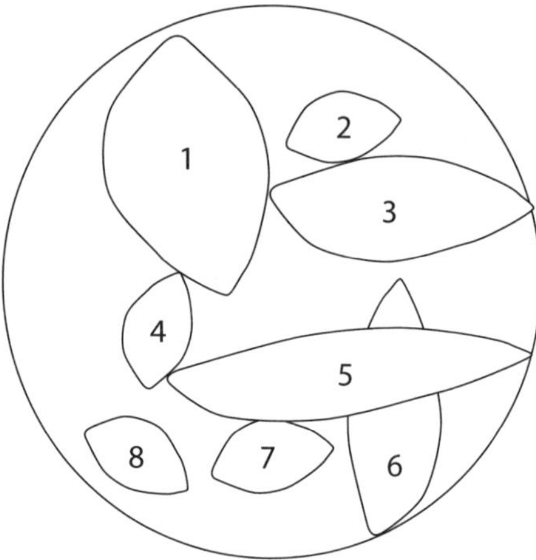

1. Wenn ich müde aussehe.
2. Wenn ich fettige Haare habe.
3. Wenn ich nicht weiß, was ich sagen soll, und zu lange schweige.
4. Als mein Vorschlag abgelehnt wurde.
5. Als mein Kind nicht mit den anderen teilen wollte und eine Szene machte.
6. Wenn ich mir wünsche, meine Gäste wären schon nach Hause gegangen.
7. Als ich versuchte, lustig zu sein, und keiner lachte.
8. Als ich in der fünften Klasse gemobbt wurde.

Such dir einen der Punkte in deinem Modell aus und stell dir eine konkrete Situation vor.

Überlege dir, ob du dieses Erlebnis jemandem erzählen kannst.

Verwende gegebenenfalls einen der Vorschläge auf Seite 81: es einem Verstorbenen sagen oder jemandem, bei dem du keine Angst hast, ihn zu verlieren; einen Brief schreiben, den du nicht abschickst, oder nur einen Teil deines Erlebnisses einer wichtigen Person erzählen, und zwar in der Vergangenheitsform.

Zusammenfassung von Kapitel 7

Geh deiner Scham auf den Grund

Wenn wir uns geschämt haben, wollen wir den Vorfall am liebsten vergessen und verdrängen. Möchtest du aber eine größere innere Freiheit gewinnen, musst du das Gegenteil tun. Eine neue, korrigierende Erfahrung kann heilend wirken. Je mehr du an deiner Scham arbeitest, desto stärker werden zukünftig dein Selbstwert und deine Widerstandskraft gegen Scham.

Jedes Mal, wenn du etwas, für das du dich schämst, offenbarst und bearbeitest, wirst du merken, dass deine innere Freiheit wächst. Deine Angst lässt nach, sodass du dich im Kontakt mit anderen weniger anstrengen musst.

8. Überlege dir gut, mit wem du deine Zeit verbringst

Möchtest du, dass dein Leben weniger von Scham regiert wird, solltest du darauf achten, mit wem du deine Zeit verbringst – sowohl gedanklich als auch ganz konkret. Je mehr Zeit du mit Menschen verbringst, die gute Vorbilder sind und das Beste in dir zum Vorschein bringen, desto besser. Bei Personen, in deren Gegenwart deine Scham hochkommt, solltest du auf der Hut sein und dir überlegen, ob du vielleicht neue Grenzen setzen musst.

Falls du dünnhäutig reagierst, wenn jemand dich kritisiert, macht sich das vielleicht jemand in deinem Bekanntenkreis zunutze. Denn wenn jemand weiß, welche Knöpfe er bei dir drücken muss, damit du dich verkehrt fühlst, kann er dich leicht manipulieren. Wahrscheinlich passt du dich nur allzu bereitwillig an, wenn jemand andeutet, dass mit dir etwas nicht stimmt.

Hast du beschlossen, nicht mit zu einem Fest zu gehen, und bekommst daraufhin ein „Du bist aber langweilig" zu hören, wirst du das Bedürfnis verspüren, deine Entscheidung rückgängig zu machen.

Es existiert keine vollständige Liste derjenigen Äußerungen, bei denen du hellhörig werden solltest. Schließlich gibt es auch unbegrenzt viele Möglichkeiten, bei anderen Menschen Scham auszulösen.

Die unten stehenden Sätze sollen lediglich als Beispiele dienen:

„Nach allem, was ich für dich getan habe, kann ich ja zumindest ein wenig Dankbarkeit von dir erwarten."

„So etwas tut man einfach nicht."

„Was glaubst du, was andere dazu sagen werden?"

„So etwas würde ich niemals tun."

„Bist du wirklich so?"

„Bist du bald mal fertig?"

„Das ist doch kein Grund, Angst zu haben / traurig zu sein / wütend zu sein."

„Ich fasse es nicht, wie du so etwas sagen kannst."

„Geht es dir wirklich immer noch so?"

„Das verstehe ich nicht. So ist es mir noch nie ergangen."

„Kriegst du das wirklich nicht hin?"

„Das hätte ich nicht von dir gedacht."

(Nicht alle dieser Sätze lösen zwangsläufig Scham aus – vorausgesetzt, sie werden in einem überraschten und positiven Tonfall geäußert.)

All diese Äußerungen haben eines gemeinsam: Sie behaupten oder deuten an, mit dir als Person stimme etwas nicht. Eine Aufforderung, die von einer positiven Wertung begleitet wird, wie zum Beispiel „Wärst du wohl so nett, das für mich zu tun" oder „Bist du so lieb und hilfst mir eben", wird dich außerdem dazu anspornen, dich mehr anzustrengen, als du eigentlich möchtest oder als deine Energie es zulässt, weil die Aussage impliziert, dass du nicht nett oder lieb wärst, wenn du Nein sagtest.

Scham kann auch nonverbal ausgelöst werden. Ein grimmiger Blick, ein leichtes Kopfschütteln oder das Verdrehen der Augen können bei jemandem, der dazu neigt, sich verkehrt zu fühlen, blitzartig Scham hervorrufen. Und diese Scham kann dich dazu bringen, noch einmal darüber nachzudenken, ob sich deine Grenze nicht zum Vorteil eines anderen noch verschieben lässt.

Früher setzte man Scham in der Kindererziehung ein. Eine effektive Methode, wenn man andere dazu bringen möchte zu spuren. Als ich in den 1960er- und 1970er-Jahren in Vendsyssel aufwuchs, war diese Methode noch in Gebrauch. Kinder wurden beschämt und in die Ecke geschickt.

„Was sollen denn die Leute von dir denken", sagte meine Mutter, wenn sie sich über meine Schweigsamkeit ärgerte. Sie selbst war mit Scham erzogen worden und benutzte mir gegenüber die gleiche Waffe. Wahrscheinlich war ihr gar nicht bewusst, wie destruktiv das war. Sie glaubte wohl, dass es für mich das Beste sei, wenn ich so zu leben lernte wie sie.

Es ist unfassbar schwer, Scham verursachende Äußerungen zu durchschauen und zu demontieren. Ganz besonders schwer fällt es, wenn sie von einer Person kommen, die einem so nahesteht wie die eigene Mutter. Ich habe es nie geschafft, sie darauf anzusprechen. Ich habe mich nicht getraut. Das hält mich aber nicht davon ab, dir den Rat zu geben, Menschen, die dich mithilfe von Scham lenken wollen, in ihre Schranken zu weisen. Das kannst du beispielsweise tun, indem du sie bittest zu respektieren, dass du dir keine unfruchtbare Kritik anhören möchtest, oder indem du immer dann den Raum verlässt, wenn die Stimmung ungemütlich wird. Du weißt jetzt, dass du mein volles Verständnis hast, falls du es in bestimmten Situationen trotz bester Vorsätze nicht schaffst, deine Grenzen zu schützen. Ich weiß, wie unmöglich es einem erscheinen kann, sich einem nahestehenden Menschen gegenüber zu behaupten.

8.1 Deine Herkunftsfamilie

Missglückte Beziehungsdynamiken werden über Generationen weitervererbt. Das gilt auch für die aus ihnen resultierende Scham. Wahrscheinlich schämen sich deine Mutter oder dein Vater (oder beide) für dieselben Dinge wie du. Und das taten sicher auch schon ihre Eltern und Großeltern. Wenn deiner Mutter als Kind keine Empathie entgegengebracht wurde, wenn sie beispielsweise Angst hatte, und sie das später nicht bearbeitet hat, kann sie sich nicht auf deine Wellenlänge einstellen, wenn du dich fürchtest. Auf diesem Weg kannst du die Scham deiner Familie erben.

Bist du in einer schambelasteten Familie aufgewachsen, sind deine Eltern und Großeltern wahrscheinlich keine guten Beispiele für dich, wenn du deiner Scham die Stirn bieten willst. Wenn du lernen möchtest, dich selbst zu akzeptieren, brauchst du daher andere Vorbilder, die dir zeigen, wie du lernen kannst, zu dir zu stehen.

8.2 Suche dir gute Vorbilder

Scham ist ansteckend. In Gegenwart anderer, die nur ungern etwas von sich selbst preisgeben, wirst du dir höchstwahrscheinlich ebenfalls nicht in die Karten schauen lassen wollen. Aber auch Mut wirkt ansteckend. Es kann sehr hilfreich sein zu erleben, wie jemand anderes etwas tut, das du ebenfalls gern wagen würdest. Siehst du beispielsweise jemandem beim Seilspringen zu, werden in deinem Gehirn die Areale aktiviert, die genau diese Bewegungen steuern. Es fühlt sich dann beinahe so an, als würdest du ebenfalls seilspringen.

Dasselbe gilt für Gefühlsregungen, die du an einem anderen Menschen beobachtest. Siehst du, wie jemand mit der größten Selbstverständlichkeit seinem Bedürfnis nach Nähe Ausdruck verleiht, wird dir wahrscheinlich mulmig zumute, wenn es dir genau dort, wo dein eigenes Bedürfnis nach Nähe sich hätte manifestieren sollen, an innerem Rückhalt fehlt. Doch wenn du der Situation nicht aus dem Weg gehst und Zeuge wirst, dass die betreffende Person mit ihrer Einladung zur Nähe Erfolg hat, hast du einen Schritt darauf zu gemacht, selbst einmal dasselbe tun zu können.

In der Gegenwart von Menschen, die sich weniger schämen als du und ganz unbefangen das tun, was dir peinlich ist, hast du Gelegenheit, zu lernen und dich weiterzuentwickeln. Schämst du dich beispielsweise, ein Lied zu singen, das du nicht perfekt beherrschst, wirst du dich in Gegenwart eines anderen, der aus vollem Hals singt, ohne sich um seine Fehler zu scheren, unbehaglich fühlen. Diese Situation ist eine gute Gelegenheit für dich, zu wachsen. Du stellst deine eigenen Hemmungen infrage und siehst, dass der andere seinen Spaß hat, ohne dass das für ihn negative Folgen hätte. Je mehr du dich damit identifizierst, derjenige zu sein, der unbefangen singt, desto eher bist du in der Lage, dasselbe zu tun. Das ist auch der Grund, warum Gruppentherapie so effektiv ist. Manchmal glückt es dir, eine Hemmung, Angst oder Scham allein dadurch aufzulösen, dass du siehst, wie jemand anders dasselbe Problem überwindet. Zumindest kannst du so deinem Ziel, aus dir herauszugehen und dich so zu zeigen, wie du bist, deutlich näher kommen.

Jemand anderen dabei zu beobachten, wie er einer Facette seiner Persönlichkeit Ausdruck verleiht, für die du selbst nie Rückhalt erfahren hast, kann darum ein gutes Mittel gegen ein lückenhaftes Selbstverständnis sein. Es zahlt sich aus, sich gute Vorbilder zu suchen und Zeit mit ihnen zu verbringen. Am besten im wahren Leben. Doch selbst Vorbilder aus dem Fernsehen sind besser als nichts.

8.3 Achte auf deine gesunden inneren Stimmen

Mit wem wir uns in Gedanken beschäftigen, hat großen Einfluss auf uns. Ich hatte das Glück, einige Zeit mit dem Pastor und Psychotherapeuten Bent Falk verbringen zu können. Wenn ich mich verkehrt fühle, rufe ich ihn auf meine innere Bühne. Dann höre ich ihn meist sagen: „Es ist, wie es ist.“ Und dabei sehe ich seinen wohlwollenden Blick vor mir und spüre seine ernste Zugewandtheit. In den meisten Fällen entspanne ich mich daraufhin, atme tief ein und bin wieder ganz in meinem eigenen Körper.

Menschen, die in deinem Leben eine wichtige Rolle gespielt haben, tauchen bestimmt hin und wieder in deinen Gedanken auf und äußern Kritik oder Zuspruch. Das können deine Eltern sein, aber auch eine Lehrerin, ein Therapeut oder eine Freundin. Vielleicht sagen sie zu dir: „Das schaffst du schon“ oder „Das kannst du besser“.

Ist jemand dabei, der dich übermäßig kritisiert, schreib diese Kritik auf einen Zettel und sprich mit einer Freundin oder einem Freund darüber. Das wird der Kritik höchstwahrscheinlich die Schärfe nehmen. Wenn du dich gleichzeitig auf deine positiven Stimmen konzentrierst und dich bei jeder Gelegenheit an deren Ursprung erinnerst, ist die Wahrscheinlichkeit groß, dass es eben diese Stimmen sind, die bald in deinem inneren Ohr den Ton angeben werden.

ÜBUNGEN

Schau dir deine Beziehungen genau an.

Von welchen Menschen hast du eine gesunde Spiegelung erfahren?

Vielleicht fallen dir noch weitere ein, wenn du dich anstrengst?

Vielleicht eine Nachbarin, die dich im Vorübergehen angelächelt hat?

Ein Busfahrer oder ein Verkäufer, der dich freundlich angesehen hat?

Wie hast du wohl auf sie gewirkt?

Kennst du Menschen, denen es leichtfällt, offen und ehrlich zu sich zu stehen, selbst wenn sie ins Fettnäpfchen getreten sind? Vielleicht nur aus dem Fernsehen? Schau sie dir an und versetz dich in sie hinein.

Zusammenfassung von Kapitel 8

Überlege dir gut, mit wem du deine Zeit verbringst

Möchtest du deinen inneren Rückhalt stärken, empfiehlt es sich, Zeit mit Menschen zu verbringen, die das können, was du noch lernen musst. Menschen, die sehr mutig sind oder für die es schon immer selbstverständlich war, authentisch mit den meisten Facetten ihrer Persönlichkeit präsent zu sein, im Guten ebenso wie im Schlechten. Andere zu beobachten, die das tun, was du gerne lernen möchtest, kann sich als äußerst fruchtbar erweisen.

Wofür du dich schämst, ist kein Zufall, sondern es wird bestimmt von der Kultur, in der du lebst, und von deinen Eltern, die es wiederum von ihren Eltern übernommen haben. Scham wird über die Generationen weitervererbt. Deine Eltern und Großeltern schämen sich bestimmt für dasselbe wie du und können darum nicht als Vorbilder dienen, wenn du deine Scham hinter dir lassen möchtest.

Wenn es in deinem Umfeld Menschen gibt, die deine Neigung zur Scham ausnutzen, ist es besonders wichtig für dich, das Spiel zu durchschauen und Grenzen zu setzen. Das könntest du zum Beispiel machten, indem du ihnen sagst, wie unangenehm ihr Verhalten für dich ist.

9. Tritt in einen freundlichen Kontakt mit dir selbst

Die bitterste Einsamkeit erleben wir dann, wenn wir zu uns selbst auf Distanz gegangen sind. In der Scham gefangen, sehen wir uns selbst von außen – vielleicht gar mit Abscheu im Blick – und fällen das Urteil: VERKEHRT! Schlagartig ziehen wir uns von uns selbst zurück, als würde eine Telefonverbindung abrupt unterbrochen. Auch wenn du dein Möglichstes tust, um den Vorfall zu vergessen, läufst du Gefahr, dass er dein Selbstgefühl verletzt, eine Verletzung, die du sowohl vor deiner Umgebung als auch vor dir selbst zu verheimlichen versuchst. Ein Teil von dir beginnt ein verborgenes Leben im Exil. Und das beeinträchtigt dich nicht nur darin, dir selbst achtsam zu begegnen – es hindert dich auch daran, intime Verbundenheit mit einem anderen Menschen zu erleben.

Wenn du wieder ein ganzer Mensch werden möchtest, musst du lernen, deine Scham auslösenden Erinnerungen mit neuen Augen zu betrachten.

9.1 Nicht du bist verkehrt

Wenn du von Schamgefühlen überwältigt wirst, hast du das Gefühl, dass etwas mit dir nicht stimmt. Dabei hast du ganz richtig erkannt, dass zwar irgendetwas verkehrt ist, aber das bist nicht du. Vermutlich ist mindestens einer der folgenden „Fehler" passiert:

1. Du hast früher im Leben eine Reihe an missglückten Begegnungen erlebt. Das hat dich verletzlich gemacht. Vielleicht geht ihr in eurer Familie nicht gut miteinander um, wenn bestimmte Gefühle im Spiel sind. Und das womöglich schon seit mehreren Generationen.

2. Du lebst in dem Irrtum, du allein seist verkehrt. Aber letzten Endes unterscheiden sich Menschen gar nicht so sehr voneinander. Es ist gut möglich, dass sich einige Menschen besonders erfolgreich als gut oder perfekt darstellen. Man braucht aber nicht sehr tief unter die Oberfläche zu schauen, um zu der Tatsache vorzudringen, dass wir viel mehr Gemeinsamkeiten haben als Unterschiede. Meine vielen Jahre als Pastorin und Psychotherapeutin haben mich gelehrt, dass wir alle – egal, wie unterschiedlich wir nach außen wirken mögen – Momente erleben, in denen wir

uns einsam, ohnmächtig und unzulänglich fühlen. Und selbst den Besten unter uns fällt es schwer, ihre Gier und andere negative Eigenschaften zu beherrschen, wenn sie wirklich auf die Probe gestellt werden. Du bist gar nicht so anders, wie du in den Momenten, in denen du von deiner Scham beherrscht wirst, glaubst.

3. Vielleicht antwortet dir auch jemand in einem Augenblick, in dem deine Scham hochkocht, auf einer anderen Wellenlänge als der, auf der du sendest. Womöglich treffen sein Blick, seine Worte oder sein Tonfall daneben. Vielleicht sagt diese Reaktion jedoch nur etwas über diese Person selbst aus und hat nichts mit dem zu tun, was du ausgesendet hast. Oder sie spiegelt eine andere Ebene in dir, mit der du gerade nicht in Kontakt bist. Während du erzählst, wie gut es dir geht, spiegelt der andere vielleicht mit seinem Blick und Tonfall eine unterschwellige Trauer, die du für dich verbannt hast und die eine Lücke hinterlassen hat.
   Das Gefühl, verkehrt zu sein, das zur Schamreaktion dazugehört, muss also nicht unbedingt etwas damit zu tun haben, wer du bist oder was du in dem betreffenden Augenblick gerade tust. Vielleicht signalisiert es dir lediglich, dass gerade eine Begegnung misslingt oder dass es zu einem früheren Zeitpunkt in deinem Leben verfehlte Begegnungen gegeben hat, und dass du einen Denkfehler machst, den du korrigieren kannst.

9.2 Hör nicht auf die Angst

Viele Menschen tragen ihr Leben lang Schamerlebnisse mit sich herum, ohne jemals darüber zu sprechen oder liebevoll mit sich selbst umzugehen, wenn die Erinnerung daran sie quält. Ihre Angst vor Bloßstellung kann zu einem Leben in Einsamkeit führen.

> *In mir tobte ein Krieg. Die Angst schrie: „Mach dich klein und verkriech dich irgendwo." Sie drohte mir mit dem Ausschluss aus allen Gemeinschaften. Ich wagte nichts anderes, als mein Leben im Verborgenen zu leben.*
>
> Josefine, 38 Jahre

Der Gedanke, ihrer Angst die Stirn zu bieten und sich zu entfalten, indem sie das Wort ergriff, ihre Missbilligung ausdrückte oder unbefangen und spontan tanzte, erfüllte Josefine mit Schrecken. Sie überließ der Scham das Wort und zog sich so weit es ging zurück. Auch in Gesellschaft anderer fühlte sie sich einsam, weil sie es nicht wagte, ihre Gefühle einzubringen und zu zeigen, wer sie war.

Vielleicht kennst du diese Angst von dir selbst und hast die Erfahrung gemacht, dass du – gleich einem viel zu folgsamen Kind – auch dann noch brav in der Ecke sitzt, wenn die Tür, die hinaus ins Freie führt, schon längst vom Rost zerfressen ist.

Solange du der Angst gehorchst, bleibst du hinter deinen Schutzmauern sitzen, statt etwas zu riskieren und auszuprobieren, ob die Liebe und Aufmerksamkeit, die deine Scham heilen könnten, irgendwo dort draußen zu finden sind. Wenn du hinaus in die Freiheit willst, musst du aufhören, der Angst zu gehorchen, und einen Schritt nach vorne machen, auch wenn die Angst dir zuruft: „Zurück!"

9.3 Von Scham zu Schuld

Scham von Schuld unterscheiden zu können kann dir zu mehr Selbstakzeptanz verhelfen (s. S. 23). Kurz gesagt verrät dir dein Schuldgefühl, dass du etwas falsch gemacht hast, während die Scham dir sagt, dass du falsch *bist*.

Ein und dieselbe Situation kann zur gleichen Zeit sowohl Scham als auch Schuld auslösen. Wenn du dein Kind ausgeschimpft hast und es weint, fühlst du dich wahrscheinlich schuldig. Vielleicht fragst du dich aber auch: „Was bin ich nur für ein Mensch, dass ich mich so verhalte?" Hier kommt die Scham ins Spiel. Du fühlst dich verkehrt oder als Versager.

Schuld- und Schamgefühle sind häufig miteinander verflochten. Es kann sehr hilfreich sein, sie voneinander zu trennen. Schuld ist nämlich leichter zu ertragen, denn sie betrifft nicht in gleichem Maße deine ganze Person, und sie eröffnet dir die Möglichkeit, aktiv zu werden.

Du kannst durchaus die Schuld dafür tragen, dass dein Kind weint, und dennoch ein guter Mensch sein. Mit der Schuld kannst du umgehen, indem du dich bei deinem Kind dafür entschuldigst, dass du überreagiert hast.

Wir denken nur zu gern in Gegensätzen. Entweder – oder. Gut oder schlecht. Schön oder hässlich. Wundervoll oder furchtbar. Für deine psychische Gesundheit ist es aber von entscheidender Bedeutung, dass du das Sowohl-als-auch aushalten kannst. Kompetente Eltern vermitteln ihrem Kind stets dieses Sowohl-als-auch, wenn sie es spiegeln: „Du bist gerade wütend und gleichzeitig bist du mein geliebtes Kind." Oder: „Was du getan hast, war falsch, und trotzdem bist du mein Kind, das ich lieb habe." Oder: „Mir tun die Ohren weh, wenn du so schreist, aber an dir ist nichts falsch. Du bist genau richtig so, wie du bist."

Wenn deine Eltern dir dieses Sowohl-als-auch nicht vermitteln konnten, wirst du Scham und Schuld leicht miteinander vermengen und dich generell unzulänglich fühlen, obwohl du eigentlich nur einen Fehler gemacht hast. Schuld und Scham voneinander zu unterscheiden kannst du üben, indem du dir laut vorsagst:

Ich bin ein guter Mensch, der verkehrt gehandelt hat.

Ich bin ein guter Mensch, der sich schlecht fühlt.

Ich bin ein guter Mensch, der einen Fehler begangen hat.

Wenn es dir gelingt, Scham und Schuld voneinander zu trennen, verschwindet die Scham manchmal ganz von selbst. Gegen die Schuld kannst du angehen, indem du dich entschuldigst oder anbietest, etwas wiedergutzumachen.

9.4 Entdecke deine Empathie für dich selbst wieder

Es ist wichtig, dass du zu dem guten Verhältnis zu dir selbst, das durch die Scham gestört wurde, zurückfindest.

Vielleicht kann einer der folgenden Sätze dir dabei helfen, wieder einen wohlwollenden Kontakt zu dir selbst herzustellen. Sprich sie laut aus oder schreib sie dir auf ein Blatt Papier:

- Du glaubst, dass mit dir etwas nicht stimmt, und du hast insofern recht, als tatsächlich irgendetwas verkehrt ist. Aber das bist nicht du.
- Du tust dein Bestes. Jeder macht einmal einen Fehler, erleidet eine Niederlage oder enttäuscht andere und sich selbst. Trotzdem darfst du gern ein Teil der menschlichen Gemeinschaft sein.
- Du unterscheidest dich gar nicht so sehr von anderen Menschen. Wie alle anderen bist auch du völlig Ordnung, genau so, wie du bist.

Setz dich am besten vor einen Spiegel und sieh dir in die Augen, während du diese Sätze aussprichst. Klopf dir selbst auf die Schulter oder streich dir liebevoll über die Haare oder die Wangen.

9.5 Schreibe dir einen liebevollen Brief

Eine gute Methode, sich in Selbstliebe zu üben, ist es, sich selbst liebevolle Briefe zu schreiben. Denk an eine Scham-Situation, die du möglichst vergessen möchtest. Richte einen liebevollen Blick auf dich selbst und schreib der Person, die damals vor Scham erstarrte, einen Brief. Im Folgenden siehst du Charlottes Brief:

Liebe Charlotte,

du hast dich dafür geschämt, dass keiner dich dabeihaben wollte. Es war dir peinlich und es ging dir richtig schlecht damit und du warst unglücklich und wärst am liebsten einfach verschwunden. Gut, dass du geblieben bist. Du hast die Situation gemeistert. Dass du in eine so unerfreuliche Lage geraten bist, war nicht deine Schuld. Es lag nicht daran, dass du verkehrt wärst, sondern du hast eine ganze Reihe an missglückten Begegnungen erlebt. Wenn du ein leichtes Opfer für Mobbing warst, dann, weil niemand dir gezeigt hat, wie wertvoll du bist. Niemand hat dir beigebracht, auf dich achtzugeben. Und die Dozenten des Kurses waren nicht fähig, die Konflikte zwischen den Teilnehmern zu lösen. Mit dir ist alles in Ordnung. Du bist genau so, wie du sein sollst.

Liebe Grüße

Charlotte

Du könntest dir auch einen Brief schreiben, der dir Kraft gibt und dich tröstet, wenn du wieder einmal in eine peinliche Situation gerätst. Bewahre den Brief an einem Ort auf, wo du ihn schnell wiederfindest. Mein eigener Brief lautet folgendermaßen:

Liebe Ilse,

du fühlst dich gerade verkehrt. Das geht schnell vorüber. In einem Monat kannst du bestimmt darüber lachen. Deine Schwester wird sich über deine Schilderung, wie du ins Fettnäpfchen getreten bist, freuen. Eigentlich weißt du ja gut, dass du im Grunde nicht schlechter bist als andere. Das mag dir zwar in diesem Moment so vorkommen, aber der Schein trügt. Sobald du ein wenig Abstand gewonnen hast, wirst du erkennen, dass dies nur eine Bagatelle ist, die nichts darüber aussagt, wer du im tiefsten Inneren bist.

Liebe Grüße

Ilse

Liebevoll mit sich selbst zu sprechen – oder sich liebevolle Briefe zu schreiben – ist ein gutes Training. Wenn du bis jetzt mit Selbstkritik immer schnell bei der Hand gewesen bist, wirst du viel Übung benötigen, damit du in Zukunft ganz automatisch deine Selbstliebe aktivierst, wenn etwas schiefläuft.

Wenn es sich für dich zu seltsam oder zu schwierig anfühlt, an dich selbst zu schreiben, könntest du zuerst einmal an jemand anderen schreiben. Suche dir dafür jemanden aus, den du magst oder liebst. Es darf auch jemand sein, den du nur aus einem Film kennst. Wenn der Brief fertig ist, tauschst du den Namen des Adressaten gegen deinen eigenen aus.

Du kannst deine Selbstliebe genauso trainieren, wie du einen Muskel trainieren würdest. Um eine Wirkung zu erzielen, brauchst du einen langen Atem und häufige Wiederholungen. Dadurch wird es dir aber auch zur Gewohnheit, dir selbst den Rücken zu stärken, wenn du dich verkehrt fühlst.

9.6 Durch die Trauer zu neuer Selbstliebe

Wenn du dich selbst mit liebevollen Augen betrachtest und erkennst, dass nicht du verkehrt bist, sondern der Umstand, dass dir in deiner Vergangenheit etwas gefehlt hat, kann sich deine Scham in Trauer verwandeln. Und indem du den Verlust, den du erlitten hast, betrauerst, erwacht in dir ein ganz neuer Respekt für dich selbst. Wenn du dein Leben im Licht dessen betrachtest, was dir von Beginn an fehlte, findest du wahrscheinlich Gründe, stolz auf das zu sein, was aus dir geworden ist.

Indem du an deiner Scham arbeitest, sorgst du dafür, dass du die Scham deiner Eltern und Großaltern nicht an kommende Generationen weitergibst. Wenn es dir gelingt, liebevoll mit dir selbst umzugehen, wird sich diese Liebe wie Ringe im Wasser bis zu den Menschen in deinem Umfeld und bis in kommende Generationen ausbreiten.

ÜBUNGEN

Setz dich vor einen Spiegel und sag dir etwas Liebevolles. Schau dafür gern in die Liste mit Beispielsätzen von Seite 96.

Stell dir einen Moment der Scham vor und schreib einen liebevollen Brief an die Person, die du in dem Augenblick warst, als die Scham in dir aufstieg.

Schreib dir selbst einen Brief, der dich trösten kann, wenn du das nächste Mal in eine peinliche Situation gerätst. Darin sollte genau das stehen, was du brauchst, wenn dir deine Selbstachtung kurzzeitig abhandenkommt.

Zusammenfassung von Kapitel 9

Tritt in einen freundlichen Kontakt mit dir selbst

Wenn du dich verkehrt fühlst, dann liegt das daran, dass etwas Verkehrtes geschehen ist. Das Verkehrte bist nicht du. Hast du das erst einmal erkannt, kannst du eine neue Freiheit erleben, aber auch Trauer über die Einsamkeit oder über den Hunger, der dich begleitet hat.

Indem du einen liebevolleren Kontakt zu dir selbst herstellst, wirst du besser darin, ein unangenehmes Erlebnis an dir abprallen zu lassen. Zwar werden dir bestimmte Situationen auch dann noch peinlich sein, das wird jedoch deinen Glauben an dich selbst nicht mehr so sehr erschüttern können.

Nachwort: Lass die Leere erblühen

Liebevolle Zuwendung erinnert an Regen, der die Wüste erblühen lässt. Selbst wenn es hundert Jahre lang nicht geregnet hat, ruhen alle Samen vollkommen intakt im Wüstensand. Dort warten sie auf Wasser, und wenn der Regen schließlich kommt, beginnen sie zu keimen. Es ist nie zu spät, um ein schwaches Selbstgefühl zu stärken und den Mut zu finden, die Zuschauerbank zu verlassen und mehr am Leben und an anderen Menschen teilzuhaben.

> *Und die Leere kehrt uns ihr Gesicht zu*
> *und flüstert:*
> *„Ich bin nicht leer, ich bin offen."*
>
> Tomas Tranströmer, „Vermeer", *Sämtliche Gedichte*, 1997

Dieses Zitat mag uns daran erinnern, nicht vor der Leere zu fliehen oder vor dem, was die Defizite in unserem Selbstgefühl aktiviert. Sie sind nämlich voller noch nicht verwirklichter Möglichkeiten.

Bist du durch Scham gehemmt? Teste dich selbst

Wer will schon gern eine hohe Punktzahl in der Disziplin „Scham" erzielen? Damit kann man keinen Blumentopf gewinnen. Versuch trotzdem, schonungslos ehrlich zu sein, auch wenn viele der Eigenschaften, nach denen hier gefragt wird, nicht besonders schmeichelhaft sind. Du brauchst den Test ja niemandem zu zeigen.

Erreichst du eine hohe Punktzahl, sagt das nichts Negatives über dich aus. Nur darüber, wie wenig du bisher in deinem Leben gesehen und angenommen wurdest.

Wenn du dir bei einer Frage unsicher bist, spür in dich hinein und entscheide dich für die Antwort, die dir spontan einfällt, ohne allzu lange darüber nachzudenken. Dein Körper gibt nämlich häufig eine spontane und ehrlichere Antwort als dein Gehirn und deine Gedanken.

Schau erst in die Auswertung, wenn du den Test abgeschlossen hast, weil sie sonst dein Ergebnis verfälschen könnte.

Schreib hinter jede Aussage eine Zahl. Du hast fünf Antwortmöglichkeiten:

0 = trifft nicht zu

1 = trifft ein bisschen zu

2 = trifft teilweise zu

3 = trifft beinahe zu

4 = trifft völlig zu

1.	Wenn jemand von mir begeistert ist, denke ich häufig, dass das nur daran liegt, dass derjenige meine Fehler noch nicht kennt.	
2.	Bemerke ich, dass ich nach etwas gefragt habe, das alle anderen wissen und das ich selbst auch wissen müsste, will ich mich am liebsten in einem Mauseloch verkriechen.	
3.	In meiner Vergangenheit gibt es etwas, für das ich mich schäme.	
4.	Soziale Kontakte strengen mich häufig an.	
5.	Wenn ich nicht weiß, was ich sagen soll, mache ich mir Gedanken darüber, was die anderen über mein Schweigen denken.	
6.	Ich wünsche mir, ich könnte zusammen mit anderen hin und wieder ein bisschen spontaner und lockerer sein.	
7.	Habe ich eine Frage missverstanden und darum eine unsinnige Antwort gegeben, ist mir das peinlich, und ich kann mich tagelang darüber ärgern.	
8.	Wenn ich in einer Gruppe etwas erzähle und dann bemerke, dass mir niemand zuhört, werde ich unsicher und möchte mich am liebsten still verdrücken.	
9.	Wenn in einem Gespräch Schweigen eintritt, bin ich gestresst und versuche verzweifelt, irgendetwas zu finden, womit ich die Pause ausfüllen kann.	
10.	Ich kenne niemanden, dem ich meine Verletzlichkeit schonungslos offen zeigen würde (Therapeuten oder andere Psychologinnen zählen hier nicht mit).	
11.	Wenn ich beim After-Work, bei einem Fest oder Ähnlichem gewesen bin, grübele ich viel darüber nach, ob ich vielleicht irgendetwas Dummes oder Missverständliches gesagt habe.	
12.	Im Kontakt mit anderen platze ich nicht einfach mit etwas heraus, was mich gerade beschäftigt.	
13.	Wenn jemand sich nicht mit mir treffen möchte, befürchte ich, dass das daran liegt, dass etwas mit mir nicht stimmt.	

14.	Ich muss immer die Kontrolle über mich und meine Gefühle behalten.	
15.	Wenn ich merke, dass ich mich in der Öffentlichkeit mit Essen im Mundwinkel oder mit Spinat in den Zähnen gezeigt habe, beeinflusst das meine Stimmung den ganzen Tag lang.	
16.	Ich gebe mir große Mühe, das Zittern meiner Hände zu verbergen.	
17.	Wenn ich unerwarteten Besuch erhalte und meine Wohnung unaufgeräumt oder schmutzig ist, drückt das auch noch mehrere Tage danach auf meine Stimmung.	
18.	Wenn im Gespräch eine Pause entsteht und mir nichts zu sagen einfällt, werde ich nervös.	
19.	Wenn ich bei der Arbeit einen Fehler gemacht habe, habe ich Angst, dass die anderen deswegen auf mich herabsehen.	
20.	Ich verkneife mir oft Dinge, zu denen ich Lust habe, weil ich Angst davor habe, was jemand anders über mich denken könnte.	
21.	Ich hatte schon einmal oder mehrere Male Angst, ich könnte einen psychischen Zusammenbruch erleiden.	
22.	Wenn jemand mich sieht, wie ich so traurig bin, dass mein Gesicht sich verzerrt, schäme ich mich.	
23.	Auch wenn ich weiß, dass ich die Wahrheit sage, gerate ich hin und wieder in Zweifel, wenn ein anderer behauptet, dass ich lüge.	
24.	Wenn jemand grob, höhnisch oder herablassend mit mir spricht, lasse ich mir das gefallen, weil ich mir nicht sicher bin, ob ich es nicht vielleicht verdient habe.	
25.	Wenn ich mich mit anderen treffe, werde ich häufig schnell müde und möchte mich als Erster ausklinken.	

Zähl deine Punkte zusammen. Du erhältst ein Ergebnis zwischen 0 und 100.

Du kannst deine Punktzahl auch in das Lineal einzeichnen.

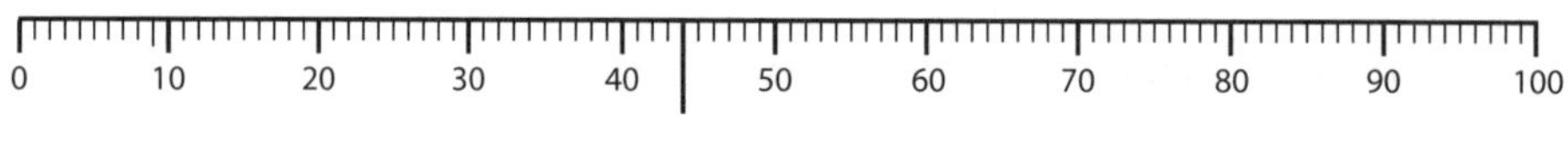

240 Dänen haben diesen Test gemacht.* Das Durchschnittsergebnis lag bei 44 Punkten.

* Die Testpersonen waren teils Freunde von mir und teils meine Follower auf Facebook. Hier sind zwei Persönlichkeitstypen überrepräsentiert: zum einen besonders empfindsame Menschen, die vermutlich das Durchschnittsergebnis nach oben beeinflussen. Zum anderen Menschen, die an sich selbst arbeiten und schon einen Teil ihrer Scham überwunden haben, weshalb sie vermutlich das Durchschnittsergebnis nach unten drücken. Alles in allem ist das Durchschnittsergebnis wahrscheinlich nicht viel anders als bei einer Gruppe zufällig ausgewählter Testpersonen.

Denk daran, dass ein Test nur bedingt aussagekräftig ist

So ein Test kann einem Menschen niemals ganz gerecht werden. Die Nuancen gehen verloren, weil zu viele Aspekte nicht berücksichtigt werden. Darüber hinaus kann das Ergebnis auch abhängig von deiner Situation oder Stimmung variieren. Hast du einen schlechten Tag oder eine schlechte Phase, fällt dein Testergebnis höher aus als zu anderen Zeiten.

Wenn du eine niedrige Punktzahl hast

Freu dich, dass du eine robuste Persönlichkeit bist, die nichts so leicht umwirft.

Wahrscheinlich gab es in deiner Kindheit mindestens einen Menschen, der dich wirklich gesehen, verstanden und liebevoll gespiegelt hat. Falls nicht, dann liegt deine niedrige Punktzahl wohl daran, dass du an dir gearbeitet und ein gutes Selbstgefühl aufgebaut hast.

Wenn du eine hohe Punktzahl hast

Ich hoffe, deine hohe Punktzahl kann dir dabei helfen, dich selbst besser zu verstehen. Hoffentlich fällt es dir in Zukunft leichter, dich selbst mit liebevollen Augen zu betrachten. Es gibt einen Grund dafür, dass dein Leben schwierig ist, und es liegt nicht daran, dass mit dir etwas nicht stimmt. Du bist genau so geboren, wie du sein sollst. Aber in deiner Vergangenheit ist etwas vorgefallen, das in dir ein Gefühl tiefer Verunsicherung über dich selbst hinterlassen hat. Von Scham gehemmt zu sein ist sehr belastend. Du kannst dein Leben deutlich verbessern.

Suche dir die richtige Unterstützung

Sich mit einem Schamproblem an einen anderen Menschen zu wenden kann unangenehm sein. Aber es ist wichtig, dass du dir Hilfe suchst. Was nämlich in einer Beziehung kaputtgegangen ist, muss auch in einer Beziehung repariert werden. Allmählich wirst du lernen, dich selbst liebevoll zu betrachten. Aber für den Anfang benötigst du den Blick eines anderen Menschen.

Es ist wichtig, dass du dir deinen Beistand mit Sorgfalt wählst. Egal, ob du dir Hilfe bei einem Freund, einer Psychotherapeutin oder einem Psychologen suchst, sollte der- oder diejenige sich gut in andere Menschen hineinfühlen können. Diese Person sollte deutlich mehr zuhören, als selbst zu reden, und zurückhaltend sein statt streitbar. Es hilft dir nichts, wenn sie ausschließlich kognitiv arbeitet, also auf Grundlage deiner Gedanken. Sie muss auch deine Körpersprache spiegeln und bereit sein, sich wichtige Erlebnisse aus deinem Leben anzuhören, sodass du die Erfahrung machst, dort gesehen zu werden, wo du nie zuvor gesehen oder gehört wurdest. Und du brauchst ausreichend Zeit, um Vertrauen in die Beziehung aufzubauen, damit du dich traust, das, wofür du dich schämst, auch auszusprechen.

Es ist sehr wichtig, dass dein Helfer an sich selbst gearbeitet hat und mit seiner eigenen Scham umgehen kann. Anderenfalls besteht die Gefahr, dass er deine Scham ignoriert oder „wegzureden" versucht. Du brauchst jemanden, der sich auf dich einstellt, damit du einen guten Kontakt spürst und dich gesehen sowie verbal und nonverbal gut gespiegelt fühlst. Auf diese Weise bekommst du allmählich auch dort, wo missglückte Begegnungen in deinem Leben dein Selbstgefühl geschwächt haben, festen Boden unter den Füßen.

Eine Riesenchance auf Wachstum

Mit der Zeit kannst du die gleiche Selbstsicherheit erwerben wie Menschen, die von Kindesbeinen an ein gutes Selbstgefühl und einen guten Selbstwert mitbekommen haben. Der Unterschied zwischen einem früh und auf natürliche Weise erworbenen und einem später hart erarbeiteten Selbstgefühl liegt darin, dass das Erstgenannte wahrscheinlich solider ist. Das Letztere hat dich dafür auf andere Weise gestärkt. In deinem Bemühen, dich selbst zu finden, wirst du in verborgene Winkel deiner Gefühlswelt vorstoßen, die man normalerweise nicht kennenlernt und die deiner Persönlichkeit neue Nuancen hinzufügen und dir den Weg zu Talenten weisen können, mit denen du die Welt bereichern kannst. Darüber hinaus übst du im Lauf dieser Entwicklung deine Empathie sowohl für dich selbst als auch für andere, sodass du danach über ein größeres Einfühlungsvermögen verfügst als die meisten anderen Menschen.

Dank

Ich möchte Bent Falk danken, der Theologe und Psychotherapeut sowie Mitglied der *Dansk Psykoterapeutforening* ist. Er hat selbst mehrere Bücher geschrieben, unter anderen den Bestseller *Da zu sein, wo du bist.* Bent Falk hat eine nicht zu unterschätzende Bedeutung sowohl für meine persönliche als auch für meine berufliche Entwicklung gehabt.

Außerdem danke ich dem Psychologen Niels Hoffmeyer, der bis zu seinem Tod das Institut für Gestaltanalyse geleitet hat und viele Jahre lang eine wichtige Inspirationsquelle für mich war.

Dank auch all denen, die mein Manuskript gelesen und mir Feedback gegeben haben. Erwähnen möchte ich: Ellen Boelt, Margith Christiansen, Christine Grøntved, Line Crump Horsted, Martin Håstrup, Jan Kaa Kristensen, Lone Søgård, Kirstine Sand und Knud Erik Andersen. Ihr alle habt eure Spuren in diesem Buch hinterlassen.

Literatur zur Inspiration

BUBER, MARTIN (2021): *Ich und du.* Reclam.

CULLBERG WESTON, MARTA (2015): *Fra skam til selvrespekt.* Dansk Psykologisk Forlag.

DAVIDSEN-NIELSEN, MARIANNE & NINI LEICK (2004): *Den nødvendige smerte* (2. Auflage). Gyldendal Akademisk.

DAVIDSEN-NIELSEN, MARIANNE (2010): *Blandt løver. At leve med en livstruende sygdom* (2. Auflage). Hans Reitzels Forlag.

DELLA SELVA, PATRICIA COUGHLIN (2001): *Intensiv dynamisk korttidsterapi.* Hans Reitzels Forlag.

DEYOUNG, PATRICIA A. (2015): *Understanding and Treating Chronic Shame – A Relational/Neurobiological Approach.* Taylor & Francis.

FALK, BENT (2022): *Da zu sein, wo du bist: gelingende Kommunikation mit Menschen in existenziellen Krisen.* Aus dem Dänischen von Maren Scholtyssek, Regina Nordlund und Ingemar Nordlund. Kohlhammer.

FALK, BENT (2005): *Kærlighedens pris I & II.* Anis.

FALK, BENT (2006): *I virkeligheden.* Anis.

FONAGY, PETER (2006): The mentalization-focused approach to social development. J. G. Allen & P. Fonagy (Hg.), *The handbook of mentalization-based treatment* (S. 53–99). Wiley.

HART, SUSAN (2012): *Neuroaffektiv psykoterapi med voksne.* Hans Reitzels Forlag.

JUNG, CARL GUSTAV (2019): *Die Beziehungen zwischen dem Ich und dem Unbewussten.* Patmos.

MILLER, ALICE (1983): *Das Drama des begabten Kindes und die Suche nach dem wahren Selbst.* Suhrkamp.

O'TOOLE, DONNA (1993): *Marvi Myrebjørn fatter håb.* Ørnens Forlag.

RAMS, LOUISE (2017): *Når skam bliver til styrke.* Forlaget Aronsen.

SAND, ILSE (2014): *Værktøj til hjælpsomme sjæle – især for særligt sensitive, som hjælper professionelt eller privat.* Ammentorp.

SAND, ILSE (2016a): *Die Kraft des Fühlens: Hochsensibilität erkennen und positiv gestalten.* Übers. von Annette Elisabeth Doll. C.H. Beck.

SAND, ILSE (2016b): *Find nye veje i følelsernes labyrint.* Ammentorp.

SAND, ILSE (2017): *Introvert eller særligt sensitiv – guide til grænser, glæde og mening.* Ammentorp.

SAND, ILSE (2020): *Die innere Mauer, Beziehungsangst überwinden, Nähe zulassen.* Übers. von Anja Lerz. C.H. Beck.

SAND, ILSE (2020): *Ich vermisse dich! Wie man eine zerrüttete Beziehung rettet – oder loslässt.* Aus dem Englischen von Lena Rudert. DGVT.

SAND, ILSE (2020): *Venlige øjne på dig selv – slip dårlig samvittighed.* Gyldendal.

STAGE, CARSTEN (2019): *Skam.* Aarhus Universitetsforlag.

SØRENSEN, LARS (2013): *Skam.* Hans Reitzels Forlag.

SØRENSEN, LARS (2018): *Selvglad.* Dansk Psykologisk Forlag.

TOUSTRUP, JØRN (2006): *Autentisk nærvær i psykoterapi og i livet.* Dansk Psykologisk Forlag.

TRANSTRÖMER, TOMAS (1997): *Sämtliche Gedichte.* Aus dem Schwedischen von Hans Grössel. Hanser.

WENNERBERG, TOR (2015): *Selv og sammen. Om tilknytning og identitet i relationer.* Dansk Psykologisk Forlag.

YALOM, IRVIN DAVID (2010): *Existenzielle Psychotherapie.* Mit einem Vorwort des Autors „25 Jahre Existenzielle Psychotherapie" und einem Interview mit Irvin Yalom von Ulfried Geuter „Sich berühren lassen". Gesamtw.: aus dem Amerikanischen von Martina Gremmler-Fuhr und Reinhard Fuhr. EHP.